森のような経営

社員が驚くほど自由で生き生きする。
「心理的安全性」に溢れた組織づくり

山藤賢×山田博

ワニ・プラス

はじめに

山田博（やまだひろし）です。このたび、「森のような経営」というキーワードをもとに対談形式の書籍を出すことになりました。

私と森との関わりは少年時代に遡ります。小学校低学年のときに家族で東京から栃木県の那須に引っ越したことで、家の近くにある小さな森で過ごす時間の楽しさを知ったのが最初でした。しかしその感覚は次第に薄れ、大学を卒業してからは、都内の企業にサラリーマンとして勤めました。転機になったのは長男の出産に立ち会ったことと、コーチングについて学ぶ機会を得たことです。何も持たずにこの世に生まれてくる赤ん坊が発する弾けるようなエネルギーに「自分よりもこの子のほうがずっと元気じゃないか」と衝撃を受けたのが1つ。もう1つは、コーチングで関わるクライアントの方々が共通して抱える「そこはかとない不安」に気づいたことでした。コーチングは一定の効果を上げてはいたものの、この影のようにつきまとう不安がどうしても消えないのです。

そのとき思い出したのが、自分が少年時代を過ごした那須の森でした。子どもだった私の気持ちを癒やしてくれた森に行ってみようと直感的に思ったのです。そして、あるクライアントを森に誘い、森で1泊2日を過ごしてみました。するとクライアントの「そこはかとない不安」が薄れ、晴れ晴れとした表情に変化したのです。それまでずっと私を悩ませてきた問題が、自然の力を借りたらたちまち解消したことに正直、驚きました。その後も同様の経験を重ねたことで、39歳のときにプロコーチとして独立することを決意し、その後「株式会社森へ」を仲間と立ち上げ、「森のリトリート」(*1)を全国各地の森で提供してきました。

「森のような経営」という少々変わったタイトルは、多くの方にとってはおそらく初めて目にする言葉でしょう。しかし、私にとっては、森のリトリートを始めた2011年ごろから抱いていた問題意識から生まれた考えでした。

その前提として、「株式会社森へ」のホームページ(https://morie.co.jp/)にメッセージを掲載していますが、「これから先1000年ぐらいを見越したとき、人間は森や自然から日常に活かす力を受け取り、学び、取り戻していく必要がある」という強い想いがありました。

とりわけ、当時私が重要だと感じていたのは企業の経営者のあり方です。現代社会では、企業が絶大な影響力を持っています。その中で経営者の考え方は企業の行動を大きく左右するものです。もし彼らが資本主義や科学技術の恩恵だけに基づいて、拡大成長、大量生産、大量廃棄のビジネスモデルを続けていけば、早晩、地球は取り返しのつかない状況になるでしょう。

では、どうすればいいのか？　そこで湧いてきたのが、クライアントが森に入って変容していくように、経営者が森に入ればこの時代に必要な変容がもたらされるのではないか、という直感でした。

しかし、２０１１年当時にこのようなことを話してもほとんどの経営者には相手にされず、森に行って何になるのか？　そもそも森に行って変容するロジックがわからない、といった反応ばかりでした。

それから10年が経ち、昨今のＳＤＧｓへの取り組みや、ＥＳＧ投資などの変化も相まって、経営者自身がパラダイムの変化を迫られるような状況が次々に現れています。

２０２０年末に出版された『ＤＲＡＷＤＯＷＮ　ドローダウン――地球温暖化を逆転させる１００の方法』（ポール・ホーケン編著／山と溪谷社）という本には、地球温暖化の流れを逆転していくための現実的な方法が、エネルギーや食物、農業など多岐にわたって具体

＊1　あわただしい日常から離れ、森の中に入って心と身体を開いて深く内省し対話することで、自分自身や事業の原点について本質的な気づきや洞察を得る2泊3日の合宿型プログラム。

的に示されています。

どうやら、時代は経営者の本質的な変容を待っているようです。

こうした変化の中で出会ったのが本書の対話の相手である山藤賢(さんどうまさる)(＊2)さんです。いつも親しみを込めて「さんちゃん」と呼んでいますので、本書でもそう呼ばせていただきます。

さんちゃんは、4つの医療施設と、臨床検査技師という国家資格取得を目指す専門学校の経営者です。

森へのイベントで出会い、職員の方々とともに森のリトリートに参加いただいて以来、雑誌の対談などでも何度も経営について話をしてきました。

そこで私が見てきたものは、1人の稀有な経営者の意識が、森と出会ったことをきっかけに、徐々に変容していくプロセスだったように思います。会うたびに行動や発言が進化し、周囲への影響力が深くクリアになっていくのを間近で感じてきました。

先日も、全職員に毎年配布している年頭所感（巻末【付録1】参照）を拝見したら、そこには「喜びと誇り」と書いてありました。この言葉はただのお題目ではありません。私はさんちゃんが日々1人1人と真剣に向き合って、言葉通りのことを実践し続けていることを知っています。
私の知る限りそんな経営者は数少なく、そして今の時代にとても貴重な存在でもあると思うのです。

そしてあるときに「森のような経営」という言葉をさんちゃんに伝えました。さんちゃんは最初、「そんなことを意識して経営をしてきてはいない」という反応でしたが、いろいろと話していくうちに、「よく考えてみるとわかる気もする」と言ってくれました。
そんなやりとりから、さんちゃんに森に行く前と後の変化を語っていただき、それを傍らで見てきた私が、さんちゃんが森からどんなメッセージを受け取ったのかを森の代弁者になって語るような対談をしてみたい、というアイデアが生まれたのでした。

そして今回、ワニ・プラスさんから書籍化の提案をいただいてこの企画が実現することになり、コロナ禍というこのタイミングで読者のみなさんのもとにこの本が届くことに心

＊2　医療法人社団昭和育英会理事長、昭和医療技術専門学校学校長。スポーツドクターとしてはＪリーグやサッカー日本代表チームなどを歴任し、なでしこジャパン（サッカー日本女子代表）チームドクターとしてオリンピック、ワールドカップなどにも帯同。現在は東京都サッカー協会医学委員会委員長などを務める。

から感謝しています。

読者のみなさんには、森のメタファーとともに語られる経営の物語を楽しんでもらえたらと思います。

私の解説は生態系的な視点が多く入っているため、一般のビジネス談義からかけ離れた部分もあり、にわかには受け入れにくいところもあるかもしれません。

一方でさんちゃんが森での経験をビジネスに結びつけて経営者として結果を出し続けている姿、そして、それをわかりやすく言語化して語られる部分にはきっと共感を持ってお読みいただけるのではと思います。

とくに、昨今の組織マネジメントでは、働く人たちが「心理的安全性」を感じられるかどうかに注目が集まっています。さんちゃんの学校やクリニックに行くと、職員の皆さんが生き生きしすぎなほどですが、そこには、ありのまま自由に振る舞っても大丈夫だと思える、安心で安全な空気が漂っています。

なぜそうなるのか、そのあたりの秘密もお読みいただく中で伝わるといいな、と思います。

経営者がこれから（現在も）どうなっていくとおもしろいのか、そこでおこなわれる経営とはどんなものなのか、そして共感できる人がこの本を読んだときに世の中が（少しでも）どうなっていくといいのか。そんなことを念頭に、あちこち脱線しながらも真摯に「森のような経営」について語り合いました。

この本は、もちろん経営者向けとは思っていますが、企業で働くその他の立場の方や、教育、医療関係の方々から、学生のみなさんまで、それぞれの興味関心のもとでお読みいただけたらこんなに嬉しいことはありません。

2021年　8月

山田　博

山藤賢です。

今回、山田博さん（「株式会社森へ」創業者、プロフェッショナル・コーチ、山伏）と一緒に「森のような経営」という非常に特殊なテーマでの対談をすることになりました。普段は「博さん」と呼んでいるので、本書でもその呼び方を使わせていただきます。

現在の私は経営者であると同時に、医師としての立場、また臨床検査技師を養成する専門学校の学校長として教育にも携わっている身ですが、32歳になるまでは一介の臨床医に過ぎませんでした。

経営に携わることを決意したとき、最初に考えたのは「真面目で誠実な経営者でありたい」ということでした。当たり前ですが、真面目で誠実な人間に、人は付いていくものだと思ったからです。だから、真面目で誠実であることが、毅然とした立派な経営者だと思い、スーツやネクタイを新調し、それらしい振る舞いを心がけることにしました。MBAの講座にも通い始め、ビジネスの勉強も始めたのですが、そんな私を見た職員がある日、「うーん、なんか山藤先生らしくない」と言ったのです。

そのときはピンと来ず「カタチから入ることも必要だろう」と思ったのですが、今、改めて振り返ると、あのときの自分はありのままじゃなかったなとわかります。取り繕った

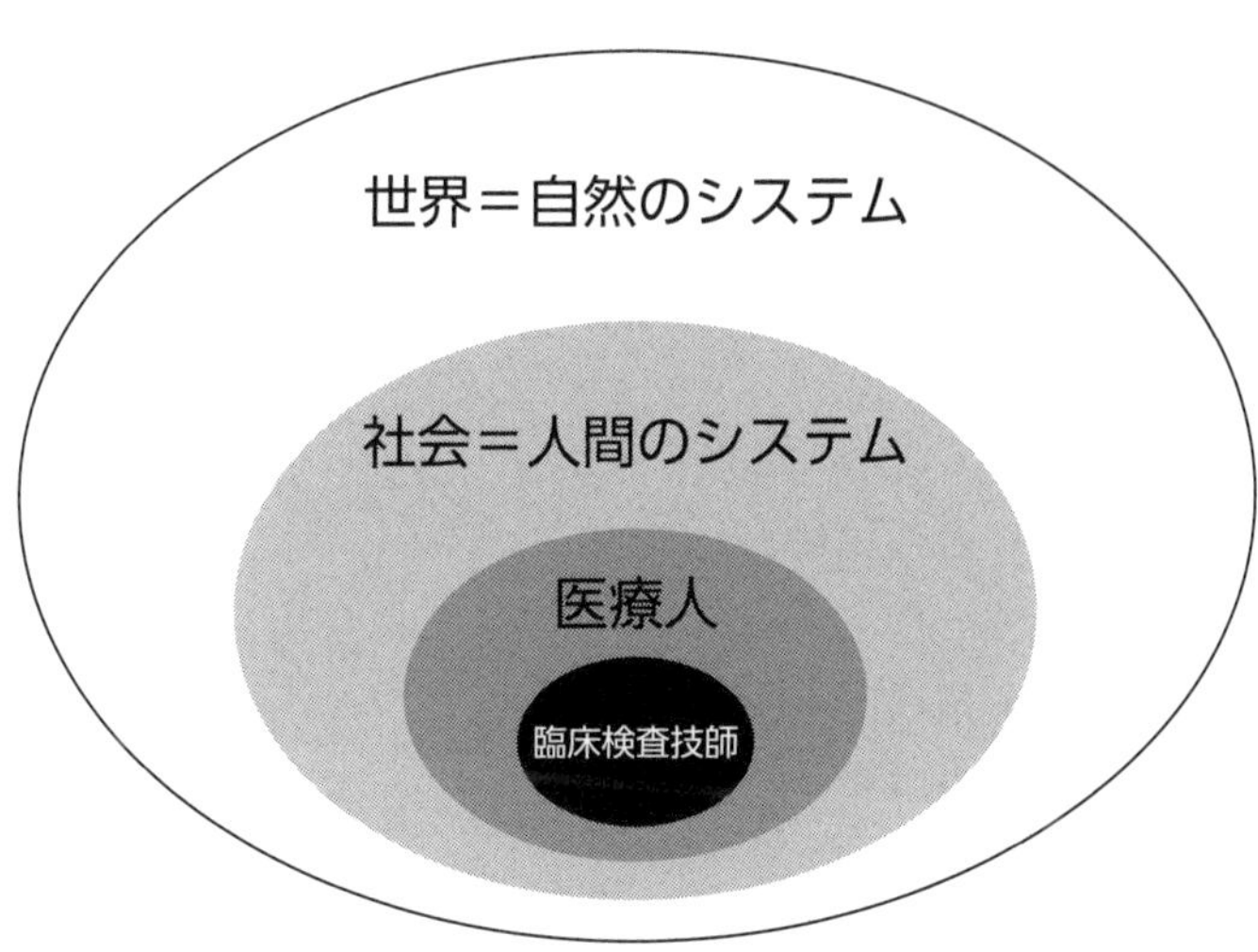

私ではなく、本当の私が真面目で誠実で、信頼できるような存在でなければ、人は付いてくるわけがありません。

そんなところから始まった私の経営者人生ですが、その後の試行錯誤で知ったのは、机上の経営理論よりも、理想の経営者の自伝よりも、自分自身と向き合い掘り下げるような広い教養が大切だということでした。

上の図は、臨床検査技師の学会の講演や発表で使っているものです。

この図は、国家資格をとるための専門学校であっても、試験対策や専門の知識、技術や力を高めるための勉強だけでは、自分らしく豊かに幸せに生きるには足りないということを示しています。卒業生たちは臨床検査技師であると同時に、医療人でもあり、さらには社会人という枠の1人でもあり、そしてこの生態系を生きる地球人でもある。もっと大きく言えばこの宇宙の中に組み込まれている1人であります。常にその視点を持てるような教養を学生たちに身につけさせておかないと、これからの時代に求められる豊かな人材は、育てられないということです。

これは臨床検査技師に限った話ではなく、あらゆる職業や役割に当てはまる話だと思っています。経営者である私にも言えることです。

講演では名著として知られる宇沢弘文先生の『社会的共通資本』(岩波書店)もよく紹介するのですが、この本では社会的共通資本(＊3)を以下の3つのくくりで分けています。

・自然環境(大気、森林、河川、水、土壌など)
・社会的インフラストラクチャー(道路、交通機関、上下水道、電力・ガスなど)
・制度資本(医療、教育、司法、金融制度など)

この3つも先ほどの大きな同心円で囲むことのできる関係で、どんな人間も、どれか1

つだけを享受することはできません。常に、外側の円の視点を持つことが、求められています。

近江商人の「三方良し」という言葉があります。「売り手（自分）良し」「買い手（お客さん）良し」「世間（社会）良し」の三方が良いのが、良い商売だという商人の心得ですが、これからのビジネスでは「世間」を社会や国と捉えるのは狭すぎると私は考えています。そのまわりにある自然や生態系、少々大げさに言えば、この地球を含んだ「宇宙良し」が当たり前になると思うのです。

伝統的な近江商人が「世間」というとき、どこまでの範囲を見ていたのかはわかりません。しかし、これからの会社の「良し」はそういう広いところまで考えていくのがいいのではないでしょうか。そういうところに触れていけるような経営。良いサービス、良い商品を考えるとき、宇宙良しが当たり前に前提になっているような経営。「森のような経営」というキーワードには、こうした感覚につながるところがあるのではないか、と思っています。

＊3　1つの国ないし特定の地域に住むすべての人々が、豊かな経済生活を営み、すぐれた文化を展開し、人間的に魅力のある社会を持続的、安定的に維持することを可能にするような社会的装置。

こうした教養と広い視野を得ようと日々試行錯誤する中で、私が出会った1つが森であり、博さんという「森のような人」でした。

博さんは私の経営する医療法人や学校について「森のような経営」と過分な評価をしてくださっています。大変ありがたい言葉ですが、私自身はまだ発展途上だというのが正直なところであり、まだ本当の意味での「森のような経営」にはたどりつけていないのではないかというのが実感です。しかしその一方で、私の経営は他の誰の真似でもない、自分らしい、自分だけの経営だという自負はあります。結果も胸を張れる数字として出してきたと思っています。

そして何より、対話の相手は、山田博という森とコーチングの達人です。この組み合わせで改めて経営について語り合えば、おそらく世界のどこにもない経営の本ができるのではないかと思い、もしそれが少しでも誰かのお役に立てるならと本書に取り組みました。

ある1つの物語として目を通していただけると幸いです。どうぞ最後まで私たちと一緒に楽しんでください。

2021年　8月

山藤　賢

森のような経営　目次

Chapter 2

森が教えてくれること　72

――@寺家の里山

感じる経営　135

規律

野生

開かれている

幸せ

ヨコから見ている

気配

ティール組織

Chapter 1

経営とは何かを語る
——＠里のengawa

チェックイン

摂理

経営経験ゼロの医者がたどりついた「新しい経営」

対話のチェックイン

山藤賢（以下、山藤）　博さん、おはようございます。気持ちのいい朝ですね。

山田博（以下、山田）　おはようございます。いい天気ですね。そうそう、今日対談するにあたって、さんちゃんが最初に那須の森に行ったときの感想の文章を昨日、久しぶりに読みました。懐かしかった。

山藤　たしか……A4用紙10ページくらい書いたんですよね（笑）。

山田　そうそう。むっちゃ長い。長編すぎる感想文です（笑）。

山藤　毎回、参加者で一番長い感想を送り続けている自負はありますよ（笑）。

山田　他にいないですよ、あんなに書いてくる人は。

山藤　あははは。感激しちゃうんですよ。森は。

山田　まあ話してみましょうか。先日、オンラインで少し打ち合わせをしましたが、その通りにいくかどうかはわかりませんよね。

山藤　医療雑誌でも2人で対談しましたけど、あれも打ち合わせなしでしたね。

山田　雑談のほうがおもしろい。だいたいそうですよ。**重要なことはポッと出る。**終わった後とか、ちょっと休憩しているときとかね。そういう「間」みたいなのが大切だと思うんです。

山藤　ですね。

山田　チェックインしますか。

山藤　しますか。

山田　**「チェックイン」**というのは、森に入るときにもしているんですけど、ようするに森でも対話でも、**いきなり始めない**ってことです。何事もいきなりやろうとすると上手くいかないじゃないですか。だいたい会話って「今日はどんな感じ？」「調子どう？」「天気いいね」みたいな雑談から始まりますよね。今日はどんな感じで来たんですか？

山藤　今日は……何も考えないで来ちゃいましたね。

山田　（コーヒーをゆっくり飲む）

山藤　（少し考える）そうですね。来たことのない初めての場所なので。

山田　ああ、初めてでしたね。

山藤　初めて来ました。そこで経営の話をするんだけど、森や自然の話を主体にするんだなと思って、どんな格好をするべきか考えたんです。それで博さんが今着ているようなフリースやキャンプ服みたいなのがいいかなと最初思いまして（服を指さしながら）。

山田　まあ、僕はこれしかないから（笑）。

山藤　で、最初は、森に入るときに着るようなウィンドブレーカーがいいのかなと思ったんです。でも昨日、「森のリトリート」にも参加しているうちの職員に「明日は博さんと対談するから、書籍用の写真も撮るらしいし、森らしい格好がいいよね？」と聞いたら「いやいや。先生には似合わないから」って言われたんですよ（笑）。

山田　ははは。

山藤「あれは博さんのような人が着るからいいんで、都会っ子の先生が街で着ても似合わない」って、はっきり言われたんです。それで、結局、どんな場所で何を話すにしてもいいように、落ち着いた普段着にしました。何が言いたいかというと、森のあるような場所に行くことになったら、なんとなく「森のスタイルにしなくちゃいけないんじゃないか」みたいなことを考えていた、という話です。それは僕のカッコよくしなきゃという思い込みかもしれない。それを「くだらない」と言ってくれる部下がいる。そのおもしろさ、喜びですね（笑）。

山田 ああ、そういうことですか（笑）。良かったですね。

山藤 そうですね。

山田 上司に対して、言いたいことが言える。部下にそういうことを忠告してもらえるのは上司にとって良いことですよね。

山藤 構えるんですよ。森に行くとなると、ちょっと構えるじゃないですか。やっぱり、森に相応しいスタイルにしようとしてしまう。

山田 あっ、そういうものですか？

山藤 そうだと思いますよ。たとえば銀行に打ち合わせに行くのなら革靴はいて、スーツにネクタイ。そういう日常を過ごしているのだから、そのままの格好で森には行かないですよね。

山田 それは行かないですね。そうか、そうか。そういうことか。

山藤 だから、ありのままにしてきました。

山田 ありのままね……。では僕について……。んー……今日は、なんらいつもと変わらない日ですね（笑）。

森と田園風景の残る寺家町のシェアスペース

山田　えっと。ここは先週来られなかったので、ちょっと久しぶりなんです。

山藤　コワーキングスペースなんですか？

山田　はい。里のengawaというイベントやワークショップにも使えるシェアスペースで、2021年1月の終わりから来るようになりました。ここは横浜市の青葉区寺家町というところなんですけど、都会の中に田園風景が今も残っている貴重な場所なんです。もう1本向こうの筋は、寺家ふるさと村と呼ばれていて、コロナになる前の土日はかなり多くの人が集まってきていました。でもこっちに入ると、地元の人たちの家が多くて、あんまり人が来ないんですよ。ここで「焚き火みたいなのやってるよ」と人づてに聞いてふらっと来たら、アレックス（注／里のengawaオーナー）がいて「コワーキングを去年から始めた」というから、じゃあ僕もコワーキングしようってなったんです。

山藤　へえ、こんなところがあるんですね。

山田　しかも僕の家からここは自転車で15分くらいなんです。その自転車の15分が気持ちいいんですよ。風がばあっと来てね。このあたりは坂や丘が多くてアップダウンが激しいから、結構いい運動にもなる。ここに来るようになってから、太ももが太くなりました。

山藤　ははは。運動してますね。

山田　ついでにもう少し紹介しますと、寺家は寺の家と書きます。江戸時代につくられた溜め池があって、そこから引いた水が田園に広がっている。山筋のあいだの平地を谷戸（やと）というんですが、ここはその1つで、薪の採れる里山があって、田んぼがあって、人が住んでいます。今はもう山から薪を採るような生活をしている人はいませんが、ちょっと入ったら、すぐ、本当に山の中です。ほんの10分くらい歩けば、森がある。だから僕にとっては天国みたいな場所です。

山藤　まさに博さん向きの場所なんですね。

山田　山中湖あたりの山ほどの奥ゆきはないんですけど、少し奥に行けば、人が誰も来ない環境になる。横浜ってなかなかの都会ですよね。そのすぐ近くにこんな環境があるっていうのは、ちょっと他にはないなと思います。

山藤　なるほど、ここはこう見えて横浜ですもんね……。

山田　（窓の外を見て）青空もきれいですね。天気もいいから、外で歩きながら話してもいいかもしれませんね。そのほうが、言葉もいろいろ出てくるかもしれない。少し話したら外に出ませんか？

山藤　いいですね。

学校見学で「ここは何かが違う」と感じた

山田　さんちゃんとは結構長い付き合いのような気がしていますが、改めて時間で考えると、そんなでもないのかな。

山藤　最初は、知り合いの紹介で、恵比寿で開催された「森と経営フォーラム」というイベントでお会いしました。僕はそんなイベントには参加したこともなかったので、一体どんな集まりでどんな話をするんだろうと戸惑いながら参加したのをよく覚えています。そのとき、博さんとは本当にあいさつ程度だった気がします。

山田　ということは２０１４年。それ以来ですからかれこれ7年弱。いやあ、いい年月だ。

山藤　（笑）

山田　今日は「森のような経営」というテーマで話すんですけど、僕の興味としては、まず、さんちゃんの経営観を聞きたいのです。学校や病院を経営するうえで、そもそも持っている経営の考え方。これまでもなんとなくは聞いてきましたけど、まとまって話してもらったことはたぶんない気がします。ひとまず、森とかにはあんまりこだわらずにそこを聞けたらなと思います。

山藤　わかりました。

山田　その前に僕から少し話してもいいですか。森の経営フォーラムでさんちゃんに出会って、少ししてからまた会いましょうとなったときに、場所をどこにしようかと相談したら、さんちゃんが「臨床検査技師を養成する専門学校をやってるんですよ。よかったら見学がてらそこに来ませんか？」と言ってくれて、「ぜひ行きたいです」という話になって、見学に行ったときの衝撃体験を話させてください。

山藤　衝撃体験って（笑）。

山田　本当に驚いたんですから。蒲田駅からぷらぷらと15分くらい歩いていったんです。まず受付に入った瞬間、**「ここは何かが違う」**と、すぐわかりました。

山藤　博さんは「神社の鳥居をくぐったみたいな感じ」とも言ってましたね。

山田　そうですね。コーチングという仕事をしているといろいろな会社や組織に行くので、そういう違いは入った瞬間から敏感にわかるんです。**組織の文化風土によって、雰囲気は全然違う。**堅いところに柔らかいところ、トップが専制君主みたいなところもあるし、みんなでワイワイやっているような会社もありますが、「そのどれとも違うぞ」と感じたんですよ。まず、明るい。照明じゃなくて、雰囲気が明るい。そして、なんかこう**「開かれているな」**と感じました。オープンな雰囲気。そういう**気配**を感じたんです。最初は「学校という場所特有の気配なのかな」と思いました。

山藤　ああ、なるほど、そうだったんですね。

山田　入口を入ってすぐ左に職員室がありますよね。外から見えるようにオープンになっていて、なんだかごった返している。僕の知っている職員室っぽくはないなあと思っていたら、階段から降りてきた学生が、その職員室の中に向かって「さよならー」みたいな感じで、気軽にあいさつして帰っていった。「ん？　なんだこれ」と思ったんです。そのことにまずびっくりしました。

山藤　はい。

山田　それだけじゃなくて、**初めて訪ねた僕に対しても、学生たちが全員あいさつをするんです。**しかも、その言い方が普通じゃない。普通の18歳から20歳くらいの若者が、知らない大人に向かってするあいさつって（小さな声でさりげなく）「こんちはー」ぐらいの感じじゃないですか。それとはまったく違う。全員、こちらの目を見て、聞こえる声量でしっかり「こんにちは」「さようなら」とあいさつをしてくれる。男の子も女の子も、全員そうなんです。もう本当にびっくりして「えっ」とこちらが固まりそうになりました。こんなふうに元気なあいさつをする若者にたくさん会ったのは、たぶん人生初だったと思います。

山藤　うん、うん。

山田　おそらく、ほとんどの人がそんな経験はしたことがないんじゃないですか。学校だとしてもこんなところは滅多にないだろうと思います。奥の空いている小教室に通されて、さんちゃんを待ってるあいだに現れた女性の職員の人がまた「こんちわー」みたいな信じられないくらい気さくな様子でお茶を持ってきて、「何だこの人は」ってなったんです。

山藤 なっちゃん（注／昭和医療技術専門学校の教員。森のリトリートでの呼び名）ですね（笑）。

山田 そうです。このときが初対面だったので、後でやってきたさんちゃんに「なんなんですか、あの人？」って聞いたんですよ。あまりに驚いたので。

山藤 あははは。そうでしたね。

山田 変な例えですけど、森の中にいたら、急に知らない小動物が現れたような感じだったんです。

山藤 野生のね。わかる気がします。

山田 ガラガラッと扉を開けて入ってきたとき、人間なんだけど、獣（けもの）の気配がしたんです。森で獣同士が出会ったら、まず、ふっとお互いの様子をうかがうでしょう？　もちろん人間なので、お互いの匂いを嗅いだりはしませんでしたけど、一瞬で相手の様子を察知してしまう感じでした。ただならぬものがあったんです。

山藤 獣って……（笑）。でもわかる気がしますよ！　なるほど、そんなことを感じていたんですね。

組織の文化風土は「気配」に表れる

山田　これは、さんちゃんが森に行くようになる前の話です。つまり、森とは関係なく、そんなオープンな雰囲気の学校はすでにあった。しかも学校や学生の雰囲気の話だけではなく、国家試験はじめ、結果として相当な実績も出している(*1)。だから、僕としては、こんな学校がどうしてできたのかをまずすごく知りたいんです。

山藤　はい、メディアの取材は受けることもありますが、博さんからのこんな機会はあまりないので(笑)、なんでも聞いてください。

山田　あのときも「どうしてこんなふうにできるんですか?」っていろいろ聞いたと思うんです。でも、衝撃のほうが大きくて、よくわからないまま聞いていた気がします。そういえば、あのときは学校の説明を聞いたあと、実際に学生が授業を受けているところも見学させてもらいましたね。

山藤　はい。

山田　学生には知らせず、いきなり乱入するような感じで校長であるさんちゃんと僕が入っていった。でも、教室でもおんなじで、学生は誰も驚かずにまっすぐこっちを見て「こんにちは」と普通にあいさつしてくる。ちょっとねえ、今まで経験したことのない世界だったんですよ。これが僕の衝撃体験です。話はまったく盛っていないし、これ、感じたままを言ってますからね。

山藤　ありがとうございます。僕は、うちの学校を表現するときに、今、博さんが使ったキーワードが気になったんです。

山田　なんですか？

山藤　**気配。**

山田　気配？

山藤　気配です。僕がそれまでずっとつくろうとしてきたものは、たぶんそれだったんですけど、それが気配であることには気づいてなかったんですよ。

山田　自分では気づいていなかった？

山藤　そう。僕が経営しているクリニックにもこのあいだ来ていただきましたけど、同じような感じじゃないですか？

山田　でしたね。学校と医療機関の違いはもちろんありますけど、とても気配が似ているなと感じました。

＊1　昭和医療技術専門学校における過去10年の**臨床検査技師国家試験平均合格率は97・5%**。全国平均は77・7%であり、同校は「全員卒業・全員合格」をスローガンに掲げ、全国屈指の合格率を誇る名門校である。また**就職率も100%**を続けている。

山藤　だから、僕がつくりたいと思ってやってきた**学校、医療施設、チームはどうやら「気配」でできている。**すごくシンプルなことなんですけど、森に行ったり、博さんに「ああいう気配はなかなかない」と言ってもらわなかったら、気づけなかったと思うんです。だから博さんは「森の前、森の後」と言うけど、僕にとっては「博前、博後」という感覚でもあるんです。

山田　なんか事件みたいじゃないですか（笑）。

山藤　いやあ、本当に博さんと出会う前と出会った後というのが偽らざる実感なんです。なので、**最近は、積極的に気配をつくろうとしています。**

山田　あ、今はそういう感覚なんですか。

山藤　そう。気配なんだなと気づけたので、そうなりました。それまでは知らずにやっていたんです。

山田　ほお。

山藤　たとえば、学生があいさつをする学校は他にもあると思うんです。でも体育会系の指導で全員が直立不動で「おはようございます！」「お願いします！」とあいさつをするのは、なんだか気持ち悪いじゃないですか。

山田　そういうあいさつとは全然違いましたね。気合のあいさつじゃない。

山藤　じゃないんです。「相手の目を見てしっかりあいさつしようね」と学生には言いますが、それを毎日欠かさずやることを義務付けたりしているわけじゃないんです。自発的にやってくれている。言われてやるのとはまったく違うんです。

山田　強制ではない。

山藤　強制じゃないです。もちろん、ある程度の目的や、規律とルールはありますよ。「あいさつをするのは相手を承認するということなんだ」とか「社会に出たら可愛がられるためにも大事だよ」という話は最初にするし、私も含めた教員、職員全員が毎日実践していますが、強制はしない。だから、何をもって、学生たちが「たしかに大事だ」と感じてくれているのかは、正直、わからなかったんです。それで、博さんのいう「気配」という言葉にピンときたんだと思います。たぶん、**そういう気配がする場をつくっているから、彼らもそうなる**んだろうということですね。

山田　なるほど。

山藤　だから今、僕が意識的にやろうとしているのは、指示命令系統の仕組みづくりじゃなくて、そういう気配がする組織づくりなんです。変な話ですけど、このシフトはすごいデカイなと思っています。

「気配をつくる」組織論の可能性

山田　おもしろい。気配と組織って、普通ならすごく混じりにくい言葉じゃないですか？

山藤　あー、そうか……、たしかにそうですね、でも今まであまり考えたことはないですね。

山田　経営論や組織論で、気配なんていう単語は使いません。普通は出てこない。だから、すごくおもしろいフレーズだなあと思いました。

山藤　でも最初にその言葉を使ったのは、博さんですからね（笑）。

山田　そうですね（笑）。

山藤　僕は気づいていなかったけど、たまたま出会った博さんが見たら「入った瞬間の気配が違う。すぐわかりました」と言ってくれた。先ほどの話に出たなっちゃんも、たぶんそういう気配があるから、あんなふうに振る舞っているんですよね。

山田　彼女は入ってきた瞬間から、そういうものを身にまとっていましたね。その後、森のリトリートにさんちゃんの法人のみなさんが参加するようになって、いろいろお話ししたりするうちに「なるほど。この人は普通ではないな」ということがよくわかりました。

山藤　**普通じゃない人が、普通じゃないままいられる組織をつくりたい**っていう感覚はあったかもしれません。

山田　そこがね、興味あるんですよ。それは最初から思っていたんですか？

山藤　うーん。

山田　最初は、気配をつくろうとは思っていなかった。でも「こういう組織にしよう」とかそういったイメージはあったんですか？

山藤　自分の原点からの話になってもいいですか？　長くなるかもしれません。

山田　もちろん。どうぞ、どうぞ。

32歳で感じた「これが経営だ」への疑問

山藤　医学部を出て8年間は、病院で普通に外来に手術にと臨床の医者をやっていました。ところが2004年に実家が経営していた医療機関の1つが経営赤字になって「大変だから戻ってきてくれ」と言われたんです。

山田　2004年というと、僕がリクルートを退社してプロコーチとして独立した年です。もちろんまだ面識はなかったけど、同じようなタイミングで転機を迎えていたんだ。

山藤　僕もそれまではバリバリの現場の臨床医だったので、大きな転機でした。本当に悩んだ末に、親、兄妹、家族のみんなから頭を下げて頼まれ、長男なので意を決して戻ることに決めました。帰ってみると、実家の債務はとんでもない金額に膨らんでいた。でも、高齢の両親には銀行もお金を貸してくれないんです。

山田　そうでしょうね。

山藤　だから、若かった僕が個人で借り換えをしようと銀行に頭を下げて、それこそ土下座して回ったんですが、全部ノーだった。でも、たった1つの銀行が、ウチの法人ではなく、あなた個人の可能性に貸すつもりで出すと、あなたの裁量で全額返済してくださいと言ってくださってなんとかしのぎました。

山田　30代前半ですか？

山藤　32歳でしたね。

山田　経営経験は？

山藤　大学は医学部で、その後もずっと現場の医者でしたから、もちろん経験も知識もまったくありません。それで一部の科目を土日だけで履修できるMBAのビジネススクールにも行ってみたんです。組織論、経営学とかいろいろ勉強したんですけど……。

山田　どうでしたか？

山藤　僕としては、全然関係ないなと。それよりも現場を実際に見るほうがはるかに役に立ちました。知れば知るほど、それまで慣習としておこなわれてきた経営に疑問を感じることが少なくなかったんです。たとえば、この業者にこういう依頼をするとこれだけキックバックが返ってくるのでそうしなさいとか、患者さんを紹介してくれた病院のスタッフにはこういう謝礼をするんだとか……。そうした疑問について1つずつ「これはおかしくないですか？」と聞くと**「これが経営だ」**と言われてしまう。どうしても納得できなくて「スタッフはこういう仕組みを知ってるんですか？」と聞いたら、当然のように「知らない」と言うので、僕は心の中で思ったんですよ。ふざけるなって。

山田　ふふふ（笑）。

山藤　「それはないだろう」と思うじゃないですか。それで「お金のことを考える前にまず、物事をきちんと正しておくべきじゃないか」と話したら、両親から「きれいごとを言うな」と言われました。「お前は正義感が強すぎるんだ」とも言われて、これは一生忘れられない言葉になっていますね。経営というのはもっと泥臭いものだというわけで、それが、ずっと引っ掛かっているんです。

山田　そうなんですね。

山藤　**正義感が強いことの何がダメなのか。**そのことを不思議に思ったというのが、経営を考えるうえでの僕の原点です。それでも自分が経営に関わる以上、納得できないことはしたくないので、僕なりのやり方で踏み込むことにしました。このとき考えていたのは、うちで働くすべての職員が、会社の中身を全部知っていて、そのうえで「ここで働けて良かった」と思える組織にしたいということです。つまり**「従業員はここで働いていて幸せなのか」**という問いがあったんです。

山田　ちょっと待ってください。その前の段階はどうだったんですか？「これはおかしいんじゃないの？」と感じ、正義感を貫こうという思いはどの段階で培われたんでしょう。子どものころからそういう感じだったんですか？

山藤　どうなんですかね。僕はいわゆるガキ大将で、何度も校長室で正座させられていた問題児タイプだったんです（笑）。でも、強気に出すぎてしまうことで、逆にイジメにあったり、みんなから無視されてしまうこともありましたし、いろんな揉めごとを起こしてしまう。幼少期からずっと続けていて東京都で優勝し全国大会まで経験したサッカーも、高校の途中で辞めてしまいました。指導者とか親とか、さまざまな部分で、自分としては理不尽なことというか、どうしても納得できないことが積み重なって、心が折れてしまったんです。だから、まあ、心の傷はいっぱいある気がしています。その後は医師を目指し、今となってはそれもいい経験だったと思えるようになりましたが……。

山田　やっぱり、そういう人生の節々でいろいろな理不尽さを感じていたというのがきっかけとしてあるんですかね？

山藤 たしかに今になって思えば、自分が悪かったことも多いし、理解できるし、でも自覚していないところで、傷ついていた部分がいっぱいあったんでしょうね。でも自分では上手く解決できないし、まわりにも上手く伝えられず、なんというか孤独感のような……。

山田 なるほど。

山藤 わかんないですけどね。でも、大学を出て医者になったときは、ただひたすら自分の技術と知識と技能を上げたいという気持ちに燃えることができました。どんな患者さんにも寄り添えるようにと勉強しまくったんです。遊びにもよく行きましたけど、めちゃめちゃ勉強もした。たまたまご縁があって、サッカー協会の仕事に関わり、Jリーグやなでしこジャパンのチームドクターもやるようになったときに、実家の稼業に戻ることになったんです。

山田 そういう流れなんですか。

山藤 まあ、そのつもりではあったんです。長男なので「この法人はいずれ僕が継ぐんだ」とは勝手に思っていました。

山田 思ってたんだ。いつからですか？

山藤 幼少期からずっとです。父が開業したのが僕が幼稚園ぐらいのときで、学校も始めて、医療機関も増やした。当時は右肩上がりだったので、それまでは家族でワンルームのマンションに住んでいたのが、突然家もでっかくなった。だから「将来は医者になって、この医療法人を継ぐんだ」と思ってはいたんです。いつかはと。

山田 そうだったんだ。

山藤 だけど、それは医者としての技量を高めて一人前になったときだ、と考えていました。まさかこんなに早く、しかも大赤字で、借金の担保になっている家すら失うかもしれない自己破産ともいえる状況で、家族から頼みこまれて引き受けるとは微塵も思っていませんでした。

山田 それはそうでしょうね。それでも長男として引き受けようとしたら「正義感が強すぎる」と言われたんだ。

山藤 そうそう。家族から「やってくれ」と頼まれて、赤字のクリニックを引き受けたわけですが、結構衝突することにもなりました。それで、その2年後の2006年にもう1つクリニックをつくったんです。自分でゼロからつくりたかった。自分で事業計画書を書き、個人で銀行からお金を借り、全部自分でやりました。学校がいよいよ定員割れになり、経営が成り立たなくなってきたのは、そのさらに2年後くらいです。大赤字でまったくキャッシュが回らない状態になったので「学校も医療施設も法人全体を僕が見ます」となったのが36歳のとき。ここから学校全体の経営にも、関わるようになりました。その際は不採算だった学科の閉鎖も経験しています。その際にも、まだ閉めるまでの年数もあるのに、職員に一斉に退職届を出されたり、学生や関係施設ともトラブルになったりと、先代からの経営不振が原因で、僕のせいで起きたことではないのにもかかわらず、嫌がらせや理不尽とも思えることが続き、これもまた本当に大変な経験でした。それを経て現在の臨床検査技師教育に特化した学校となっています。だから、僕は、ただの一医師であったにもかかわらず、突然、経営者として、**マイナスだったものをプラスにするという経験と、ゼロから始める経験と、ほとんど潰れていた学校を立てなおすという経験を、ほぼ同時にする**ことになったんです。

山田　いやあ、なかなかできないですよ、そんな経験。1つ1つでもあまりないけど、同時にはまずないでしょう。

山藤　当時はもう本当に1日2時間くらいしか寝なかったですね。

経営を知らなかったことが強みになった

山藤　今になって思うのは、**僕の強みは「知らなかったこと」**だったんじゃないかということです。経営学を学んだことはないし、専門学校を経営して教壇にも立ちますけど、教育学の授業を受けたこともありません。大組織に所属して、下から順番に出世しながら「企業とはこういうものだ」「会社経営とはこういうものだ」と習った人間でもないんです。

山田 そうですね。

山藤 もちろん本はできるだけ読んでいるし、知識も仕入れていますけど、実際には僕なりに考える「良い組織」を自分なりのやり方でつくろうとしてきただけです。授業や学校経営も同じで、自分なりに「教育とはこういうもの」「学生にはこうあってほしい」とか「ここで働く先生方にはこうあってほしい」と思うものをカタチにしようとしてきただけ。じつは昨日もある人に聞かれたんですよ。「どうして経営できたんですか?」って。「知らないよ」と。

山田 ははは(笑)。経営に答えはないですね。僕はホワイト企業大賞企画委員会の委員をやっているので、経営者のインタビューに最近よく行くんですが、ほとんどそういう感じですよ。自分なりにやってみたら、こういうことになってきたという話ばかりです。

山藤 そうですよね。

山田 その過程では、みなさん、結構とんでもない目にもあっている。でも、すったもんだしながらやっているうちに、ある程度カタチになってきたという人が大半です。だから

「どうやって経営してきたのですか?」と聞いても、だいたい返ってくるのは**「自分なりに必死でやってきただけですよ」**という話が、非常に多いんです。

山藤 ははは。

15年前は理解されなかったウェル・ビーイングと自主経営

山田 でも、さんちゃんは32歳で突然経営をすることになって、36歳で学校にも関わるようになった。その当時、職員の人たちにどんなことを言っていたか覚えてますか?

山藤 うーん。(考え込んでいると、猫がやってきて鳴き始める)ははは。

山田 ああ、いいですね。

山藤 そうですね……。(猫の声を聞きながら)経営者として考えていたのは**「自分に関わった人が『この会社で働けて良かった』とほんの少しでも幸せになってくれたらいいな」**と、最初は本当にそれしかなかった。

山田 少しだけでも幸せになってくれたらいい。

山藤 はい。もちろん、そうはならない人もいると思うんです。うちが合わない人もいる。僕は、**自分の居場所は自分でつくる**ものだと思っているので、スタッフには「この会社を良い会社にしたければすればいいし、いたい会社にしたいのなら自分ですればいいんじゃないか」と言っていましたね。しかし経営者としては、少しだけでも僕と会えて「良かった」と思える組織をつくりたいなぁと思っていました。

山田　それ、何年のことでしたっけ？

山藤　今、僕は48歳で、32歳のころですから……、2004年くらいですね。

山田　早いですよね。その感覚は、今の世の中が「これからの経営」と呼んでいるそのものじゃないですか。たとえば「それぞれが自主的に動いて自分の居場所をつくる」という発想は、最近よく聞かれる**ティール組織**（＊2）**における自主経営**の考え方に似ています。

山藤　ああ、そうですね。

山田　これまでの組織の多くがピラミッド型で、必要以上にたくさんのルールを定めて社員を縛ってきたのは、**社員を自立した個人とみなしてこなかった**からだと思うんです。だから、自分で自分の居場所をつくっていく人たちの集まりであるティール組織に注目が集まっている。あとでまた話すことになると思うんですけど、ティール組織と森は似ていると僕は思っているんです。**森にピラミッド構造はありませんし、トップダウンの指揮系統なんてもちろん存在しません。**1本1本の木はそれぞれ悠然と生きているだけ。でも、森全体は豊かに維持されている。**個々の木はまわりを何も気にせず、ただすくすく伸びて、全**

体が上手くいっている。ある意味、**森という組織は、僕らのずっと先を行っている**気がしています。

山藤　なるほど。

山田　「幸せになってほしい」という発想も、最近急激に広がっている**ウェル・ビーイング**の考え方と同じです。昔は「顧客満足」が最優先とされていました。でも、今は従業員の幸せに目を向けるようになった。しかも満足を通り越して「幸せ」とまで言っている。**まず最初に従業員が幸せでなければ満足しないし、良いものはつくれないし、顧客の満足も得られない**という発想で、完全に順番が変わってきた。

山藤　そういう感じはありますね。

山田　でも2004年当時だと、たぶんまだほとんどの人はそんなことを言ってなかったのではないですか？

山藤　言ってなかったですね。変態扱いされました（笑）。

山田　変態ですよね。15年以上前ですから「なんじゃそれ？」と言われたでしょう。

山藤　そうですね。うちの法人で毎年出している行動指針もほとんど変わっていません。

＊2　職務上の上下関係や細かな社内ルール、売上目標など、多くの組織で当然とされている構造や慣例、文化の多くを撤廃し、個々の従業員が自分らしさを最大限に発揮しながら、自ら意思決定をしていく次世代型組織モデル。

「先生は全然変わらないですね」とよく言われます。

山田　そうなんだ。ずっと言い続けているということは、そこには一貫性があるんですね。

山藤　なんだか偉そうに聞こえるかもしれませんけど、それは間違いないです。コンセプトはずっと変わっていない。

山田　僕は、実際にさんちゃんの学校やクリニックに行っていますし、スタッフの人たちとも話しているので、それは実感としてわかります。

森に入る前からすでにあった「森のような組織」

良い学校さえできれば、人は集まらなくても構わない

山田 ところで学校という組織は、いわゆる「経営」という感じがしないいんですけど、どうですか？

山藤 ああ、わかります。

山田 ここでいう「経営」は、資本主義の社会において、利益を出し、存続させるために事業運営をする、という意味のものです。でも、経営の本当の意味はそれだけではなくて、プロセスも含めて「みんなで上手くやっていこう」ということですよね。とりわけ学校という場は、そういう資本主義的な意味での経営の枠組みとは違う場であるべきじゃないかな、と僕には思えるんですよ。

山藤 僕が関わっているのは臨床検査技師という医療系国家資格の取得を目指す専門学校

ですけど、最初に学校に行ったとき、この業界のエライ方々が直々に説明に来てくださったんです。いわく少子化や大学偏重の傾向などの影響もあって「3年制の専門学校はこれからますます厳しくなる」というお話で、たしかにうちも定員が割れていた。それで今後は、再就職したい人や大学は出たけど就職先がないといった人たちをどうやって専門学校に入れるか、が経営のポイントになる、というわけです。聞いていると「いかに定員を満たすか」の話ばかりだった。

山田　ああ。

山藤　学校の経営＝人を集めることなんです。「人を集めるために何をしたらいいか」という話をしていただいたんですけど、僕はいまだに腑に落ちていません。うちの職員に最初から言ってきたのは「良い学校をつくりませんか」ということなんです。**「良い学校とは何か」をみんなで考え、つくるために努力をする。それが実現できれば、人は集まってくるだろう**と。

山田　うん。

山藤　ちなみに「集まらなくてもいい」とも言いました。

山田　いざとなったら？

山藤　はい。**良い学校さえつくれれば、別に集まってこなくてもいいじゃん、**と。

山田 おお。

山藤 いや、ダメなんですよ。経営的にはね（笑）。

山田 でも、本心からそう言ってたんですね。

山藤 はい。今でも言っています。実際にコロナ禍で地方からの学生が受験できなくなっていますが、新入生が少なくなっても別に構わない。むしろ人数が少ないほうが、学生1人1人を丁寧に見られる面もある。だから、それはそれでいいんです。それよりも、自分たちで「ここは良い学校だ」と思えるような誇りもないまま「どうやったら人が集まるか」を話すことのほうがずっと腑に落ちない感じがあります。

山田 僕もそう思うんですよ。だから学校という組織には、理事長と学校長がいるんじゃないですか？ お金のことや生徒集めは理事長がやり、教育に関してはそれとは切り離したところで学校長が中心になってやる。私立の学校はだいたいこういうスタイルですよね。だけど、現実には現場の先生たちもそこに巻き込まれているな、と感じるんです。

山藤 そうですよね。

山田 これって、ちょっとおかしいですよね。

経営と文化を区別しない

山藤　はい。じつはそれもあって、僕は昭和医療技術専門学校の**理事長兼学校長**なんです。

山田　理事長と学校長、両方をやっているんですか？

山藤　はい。医療法人が母体になっていることもあって、そう決めました。周囲にはやっぱり「それは良くない。経営と教育は分離するべきだ」と言われましたね。

山田　言われるでしょう。

山藤　「健全な経営のためには、お金のことをやる理事長と教育のことをやる学校長は別であるべきだ」と言うんだけど、僕にはそうする意味がわからなくて「ここだけは絶対に譲らない」と押し切りました。リーダーシップを1つにしておくことのほうがよほど大切だと思うんです。

山田　その発想はなかなかないでしょう。そこはこだわったんですか。

山藤　めちゃめちゃこだわりましたね。一番のポイントはスピードです。稟議を通す必要がないから、物事を決めるスピードが圧倒的に速くなる。お金のことも、学校で起きたちょっとしたトラブルも、理念も、文化も、僕が「いいよ」と言えば済むんですから、ものすごく速い。さっき博さんの話にも出たあの職員室で、毎日のようにスタッフと僕が雑談しているわけです。お昼休みにうどんなんかを食べながら「先生、こんなことあったんですけど」「ホントに？　じゃあこうしておいたらいいいんじゃないの」「じゃあ、やっておきますね」でおしまいです。

山田　たしかに。

山藤　指示系統に沿って下から順番に上げて、稟議を経ないと決まらない、なんていうことはやりたくない。フラットといえるかどうかはわかりませんが、僕もスタッフも同じ場にいて、スタッフから「先生、あれはどうなりましたか？　やっておくと言いましたよね」とか言われて、「えー、言ったっけ？」「言ってましたよー！」「ああ、そうか。ごめんごめん」で済む。これは、**経営と文化を分離しない**ことにつながるとも思っています。

山田　その言葉いいですね。経営と文化を分離しない。そうじゃないと上手くいかない時代に入っているんだと思いますね。

山藤　そうなんですかね？

山田　そう思います。僕は経営学の専門家ではありませんけど、経営者のコーチングもしているから、経営者が何に悩んでいるかは、わりあいよく知っているつもりです。今、起きている**悩みのほとんどは、これまでのマネジメントスタイルでは上手く回らなくなっていることが原因**になっている。

山藤　ああ、それはまわりの経営者たちと話していてもそう思います。悩んでる人、多いですねー。

山田　これまでは、上にいる人が計画を決めて「これをやれ」「やります」で動かせば、だいたい上手くやれた。だから大半の組織がそのやり方を採ってきた。ところが、今はこのやり方だと回らなくなっている。それなのに、なぜ、そのままにしているのかといったら、どうすればいいかわからなくなってきているからです。

山藤　本当はね。

山田　そう。本当はわかってない（笑）。これまでだって、すべてがわかっていたわけじゃなくて、実績に基づいてある程度予測ができたわけです。だから、経営者は中長期の経営計画を立てて「今後5年はこうやれば、このくらいいけるよね」と決められたし、社員もそれに基づいてしっかりやれば、ある程度の業績を上げられた。ところが今は、いわゆる「不透明で不確実な時代」になっちゃったから、そのやり方ではもう上手くいかなくなっている。そのことに、さすがにみんな気づいてきている。だけど、大きな組織に長くいる人ほど、そのやり方に慣れ切っているものだから「やり方を変えましょう」とも言えない。もしやっても、大混乱になってしまうのではと悩んでいる。**わからないのであれば、ざっくばらんにコーヒーでも飲みながら「みんな、どうしたら良いと思う?」って言えばいいん**

ですよね。さんちゃんのように。

山藤　うん、うん。

山田　でも、実際に経営者がそれをしても、まわりの社員がそういう会話や雰囲気に慣れていなければ何も言えないかもしれないですね。

山藤　たしかに。

山田　それで「困っている」という話をよく聞くんです。だから、さんちゃんが2004年からそんなふうにしているというのは、あまりに早い。先駆けてますよ。まあ中小企業を必死に経営していく中で、そういうカタチにせざるを得なかったという人はいたかもしれませんが、でもさんちゃんはそういう雰囲気ではないでしょう。だって普通は「良い学校をつくってくれれば、新入生は集まらなくてもいいよ」なんて、言わないですよ。

山藤　ははは（笑）。

山田　だって潰れるじゃん。給料をもらえなくなるんだから、職員も「そんなことしたら潰れます」「こんなトップには付いていけない」と思うのが普通ですよね。だけど、みなさん辞めずに一緒にやってきた。どうしてですか？

山藤　それは、まずはもちろん結果を出してきたからというのはあります。医療施設は、患者数も売上も回復し、専門学校もそのようなやり方で学生はたくさん来るようになり、定員割れで売却予定だった学校が、高校からの現役受験生だけで倍率まで出る全国的に有名な人気校となりました。そして今、博さんは「みなさん辞めずに付いてきて」と言いましたが、決して誰も辞めていないわけではないですよ。辞める人もいるし、入ってくる人もいるというだけです。我々の組織にいたい人が残ってくれればいいと思っています。そのためにやったことの1つが昇給システムですかね。

人を評価しないための年功序列型昇給システム

山藤　僕が経営者になったとき、最初にやったことの1つが年功序列型の昇給システムを全スタッフに導入することだったんです。今もこれは維持しています。

山田　ほお。

山藤　うちの職員は全員、入職したときに、60歳で定年になるまでの給料を全部提示されているんです。昇給も全部決まっている。

山田　ホントですか。へえ。

山藤　ちょうど成果主義とか360度評価みたいな人事評価システムが注目され始めたタイミングだったので、これもめちゃめちゃ言われましたね。世の中の流れとは完全な逆張りで「この会社にずっといたら、だいたいこのくらいもらえますよ」と決めちゃった。

山田　何のためですか？

山藤　現場でお金の話をしないためです。それと**人を評価しなくていいようにする**ため。

山田　しなくてもいい環境にしちゃったんだ。

山藤　だって、めんどくさいでしょう（笑）。「給料が決まっていたら、一生懸命働かなくなってしまう」と言う人がいますけど、たとえば、主任になりたい、事務長をやりたい、看護師長になりたいという意欲のある人には、もちろんその役職分の加算はあります。ただこれも決まっていて、中途入社の人であっても例外ではありません。この仕組みは今も適宜、修正し続けています。なぜなら、ものすごく大事だから。

山田　どうして？

山藤　仕事はチームでやるものだと思っているからです。Aさんは上手くできたけど、Bくんは上手くできなかったなんて評価をしたら、得する人と損をする人が出てしまうじゃないですか。

山田　そうか。

山藤　もう1つは、僕は他人を評価できるようなまともな人間じゃない、という自覚があるからです。

山田　ははは。

山藤　だから、もし**立派な評価の仕組みをつくっても、それが正当かどうかを誰が評価するのっていうことです**。僕はロクなヤツじゃないんですよ（笑）。ロクでもないヤツが誰かを評価するって、おかしくないですか。「お前がそれを言うのか」ってなっちゃいますよ。

山田　たいがい、それで揉めるんです。

山藤　やっぱりそうですよね。それでもまだ人事評価システムをやっているところは多いですよね。

山田　やってますね。正しく評価するための研修もある。どうやったら人をちゃんと評価できるかを学ぶ。だから大変なんです。評価しきれないから。

山藤　そのめんどうくささを考えても、年功序列のほうがいいと思ってそうしたんです。僕は、**自由闊達に動いても、誰かに評価を下げられる理由にならないことが一番重要**だと考えています。前野隆司先生（＊3）や西成活裕先生（＊4）にこの話をしたら「最近はそういう経営者も出てきているけど、2000年代初頭はそんなにいなかったんじゃないかな」と言われました。

山田　たしかにいなかったでしょうね。

山藤　当時いた企業内税理士や事務長などにこの案件を相談したのですが、誰もが上手く人事のシステムをつくれないと投げ出したので、私のことを近くで一番よくわかっていて、理解してくれそうななんの役職もない若い事務職員の女性に相談したところ、よくこの内容を理解し、それこそ1年がかりで相談しながらつくりあげてくれました。やはり実際に雇われている一スタッフ目線が良かったんだと思います。それが博さんもご存じの、今の管理部主任のホーリー（注／森のリトリートでの呼び名）です。

山田　おー！　あのホーリーなんですね。たしかにさんちゃんをよく理解している。そのうえで、その評価をしない仕組みを今も時代の流れに合わせて微妙に変化させながら続けているのですね。

山藤　僕に暴言を吐いたっていい。だから、獣の気配のするスタッフもいられる（笑）。

山田　なるほど（笑）。そうか、何をやっても大丈夫だからなんだ。

山藤　学生が来ても、来なくても、給料は決まっているから、最低限の生活は守られている。それを前提に、自由に動くことができるんです。

＊3　慶應義塾大学大学院システムデザイン・マネジメント研究科教授、慶應義塾大学ウェルビーイングリサーチセンター長などを務める、幸福学研究の第一人者。

＊4　東京大学先端科学技術研究センター教授。ムダどり学会会長、MUJICOLOGY研究所所長などを務める。専門は数理物理学、渋滞学。

山田　たしかに、良いほうに転べばそっちに行くでしょうね。けれど逆に行ったら「何もしない」ってなるかもしれない。どうやっても給料は決まっているんだから、別にいいや、もうやりませんよという方向になる可能性もある。その仕組みは、後者に行きがちなんですよ。だから、みんな困っている。でも、さんちゃんのところはいい方向に行っている。自由な獣が発生するのはなぜですか？

人が集まるための理由＝規律（企業指針）

山藤　組織がそちらを向くためのポイントだと僕が思っているのが、規律です。

山田　規律。

山藤　はい。それぞれが自由奔放に振る舞えるほうがいいという考え方もあるかもしれませんけど、**本当に野放しにしてしまったら、それは組織じゃない**と僕は思うんです。組織には、そこに属する全員が最低限守るべき規律というものがある。学校も医療機関も、もちろん例外ではない。規律は、その組織に人が集まるための理由でもあります。だから**「僕らはどんな仲間なのか」**を明確に謳っているんです。

山田　そこ！　どうしたんですか？

山藤 今年つくったのが、この企業指針（巻末【付録2】参照）です。「あり方」とも呼んでいます。

山田 毎年出しているんですか？

山藤 僕が法人全体を見るようになってからは、毎年欠かさず出しています。僕らの拠り所、集まる理由がどこにあるかはやっぱりとても重要ですから。「『誇り』の持てる場所であってほしい」とか、「強くあること」は最初から打ち出していたと思います。

山田 そこなんですね。それがあるから、それぞれが自由でありながらも、何もしない人は出てこない。獣みたいな人もそのままでいられる。逆にいえば「この組織にはいたくありません」という人もはっきりしてきますよね。

山藤 そうですね。だから**辞める人もいます。むしろ、そうなるのが組織としては健全な姿じゃないかと思っている**んです。

山田 たしかに健全ですね。

山藤 全員を受け入れることはできません。

山田 僕も本当にそう思っているんです。森の中だってそうじゃないですか。

山藤 あー、そうですね！

山田 森に入れれば、木なんてバンバン倒れている。**すべての木がすくすく育っているわけ**

じゃない。一見そんなふうに見えるけど、少し中に入ればもうバンバン倒れている木に出くわします。それはしょうがない。**摂理**ですから。

山藤　摂理という言葉はいいですね。

山田　摂理なんです。**森全体の命を持続するためには、個々の木が死ぬのも摂理です。**現代人にとっての死はネガティブなイメージが強いから語弊があるかもしれませんが、生態系における死はむしろなければおかしい。**そうでなければ、次は生まれないん**ですから。

山藤　そうですね。

山田　そういう意味で、森の木はバンバン倒れる。企業を森に、人を木になぞらえると、「みんな同じように育っていきましょう」というのは「おかしいな」とわかります。そんなことはあり得ない。**個性のある木が大きく育つことがある一方で、風にあおられて倒れてしまう木もいる。**だけど、そこに良い悪いなんてものはなく、どちらの木もおかしな存在ではない。人間も同じで、育ったにせよ、倒れたにせよ「そういうことだったんだね」というだけの話じゃないですか。

山藤　そう！　そうなんです。

辞める人もいることが健全だと思えるのは森のおかげ

山田　僕はそれを森から学んだんです。生態系はそういうもので、全部を均等に上手くいかせようなんてしたら、とんでもないパワー、エネルギー消費、ストレスがかかってしまうでしょう？

山藤　たぶん、そういうことだったんだと思います。森に行って気づいたことの1つは、まさにそれですね。博さんと話したり、森でひたすら過ごすような時間を経験するまでは、**「僕はこれだけ良い話をしているつもりなのに、どうして全員納得しないんだろう」**とずっと悩んでいましたから。

山田　ははは（笑）。

山藤　うちのスタッフが辞めてしまうのは、自分を否定されることだと思っていたんです。「こんなに丁寧にやってきたつもりなのに、どうして辞めるんだろう」とか「良い職場をつくろうとこんなに思っているのに、どうして辞めちゃうんだろう」というのがずっとストレスでした。

山田　否定だと思っていた？

山藤　自分を否定されている感覚ですね。でも、もう今は悲しくはありませんね。まあ「残念だな」とは思うかもしれないけれど、仕方のないことだとわかった感じです。その本人にとって「ここはちょっと合わないな」となることはあり得るんじゃないか、と思えるようになった。たぶん、**全体性を見る**ようになったんですよ。ちょっとわかりづらい表現かもしれませんけど、僕の言葉でいうと、**物事や組織、人のあり方を「ヨコから見ている」感覚**なんです。

山田　そこは今日のポイントでもありそうですね。ここまでを整理すると、まず、さんちゃんが一貫してやってきたこと、言ってきたことがあるのがわかりました。もう一方で、今言ってくれたように、森に行くようになってから、変わってきた部分がある。気配に注目して組織をつくろうとか、「辞めます」という人が出たときの捉え方がヨコから見る感覚になったとか。

山藤　たしかに。

山田　さんちゃんが自覚できているところも、できていないものもあるかもしれないけれど、そんな話もできたら、おもしろくなってくるんじゃないかな。

山藤　やっていることは変わっていない自負があるんですけど、たしかにおっしゃる通りで、森に行くようになってから、とくに捉え方は変わったなと思いますね。

山田　まあ「これが森から受けた影響です」なんて、はっきり言えるものではないですけどね。

山藤　ははは（笑）。

山田　でも、そばで見ていて、行く前と後では明らかに違うと思いますよ。そういった話を、そろそろ外に出てしまいませんか？

山藤　いいですよ。

Chapter 1のリマインダー

- 組織の文化風土は、入ったときの気配に表れる。
- 場の気配によって、そこにいる人の振る舞いは自然に変わる。
- 「従業員の幸せ」を最優先に考える時代になり、
  これまでのマネジメントスタイルでは
  上手く回らなくなっていることにみんなが気づき始めている。
- 完璧な人事評価はあり得るのか？（おそらく永久にあり得ない）
- 森にはピラミッド構造もトップダウンの指示系統もないが、
  調和を取りながら豊かに持続している。
  （森という組織は、僕らのずっと先を行っているのかもしれない）
- 企業を森に、人を木になぞらえると
  「みんな同じようにまっすぐ育っていきましょう」

  というのは不自然。
- 従業員の自由を決めるのは組織のあり方と規律である。
- 全体性を見るとは、物事や組織、人のあり方を
  「ヨコから見ている」感覚。

喜び

安心

生態系の一部

真っ当

何があっても生きていく健やかさ

大丈夫

フェアネス

Chapter 2

森が教えてくれること
——@寺家の里山

誇り

「今」に集中する

未来を〝あえて〟見通さないアプローチ

森のキーワードは「大丈夫」と「安心」

山田　（森に向かって里山を歩きながら）森に入って「変わったなぁ」とさんちゃん自身で思うことはありますか？

山藤　森に入って変わったなというか、より、そう思えるようになったことの1つは、自分がやっていることに対して、**大丈夫と思えるようになった**ことですね。

山田　出ましたね。「大丈夫」。

山藤　ん？　この言葉は、僕からは今まで出て来てないでしょう？

山田　それは、**森に行った人の大半が口を揃えて言う言葉**なんですよ。

山藤　ああ！　そういうことですか。

山田　「大丈夫」という言葉を、なぜか森に行った人は使うんです。同じくらい出てくる言葉がもう1つあって、それは「安心」。森に行って3日目くらいになると、この2つのどちらかを、必ずと言っていいくらい口にします。これは、何なんですかね？

山藤　何なんでしょうね。森にいるときに使う「大丈夫」はたぶん、個人的な感覚だと思うんです。自分は大丈夫という個人の感覚ですよね、それはわかる気がします。でも、話は少しずれてしまいますが、今日はせっかくの機会なので、忘れないうちに言っておきたいんですけど、**僕が今言った「大丈夫」は自分がやっている経営の話**です。

山田　そこは違うんですね。多くの人は、森にいて**「自分の生き方はこれでいいんだ」**とか「人に受け入れられないことで傷ついてきたけど、自分は自分のままでいいんだな」と実感するような感じで「大丈夫」と言います。たしかにこれは個人的なものですね。

山藤　そうですよね。

山田　さっきの「大丈夫」は、それとは違うということ？

山藤　違いますね。正直言って全然違います。

山田　そこを教えてほしいですね。

山藤　それはですねえ……。そうだなぁ……、また遠回りな説明になるかもしれませんけど、つい昨日あった実体験から話してみていいですか？

山田　もちろん。

「今が大丈夫だから、この先も大丈夫」という感覚

山藤　昨日、融資などで関わっている、ある銀行に呼ばれたんです。支店長、副支店長、担当の女性が並んで「仕事の話ではなく、山藤さんの今後のライフプランのお手伝いをしたい」と言われました。法人をやっているのでお金があるように見えるのかもしれませんけど、僕は土地も持ち家もないし、資産なんてほとんどないんです。でも、とにかく話を聞いてくださいというので、聞いていると、ボードのようなものが出てきた。そこには将来やりたいことの候補が並んでいて、たとえば事業でいえばM＆Aで会社を拡大したいとか、個人としては老後までにどう貯蓄したい、海外移住したいなんていう項目が書いてあって「山藤先生のやりたいことはどれですか？　そのライフビジョンに沿ってサポートします」と言うんですが、全部読んでも、やりたいことが1つもないんです。

山田　そのボードに？

山藤　そう。向こうも困ってしまった。それで旅は好きなので「旅行は行きたいですね」と言ってみたら、ようやく食いついてきたと（笑）、目を輝かせて「どういうところに行くんですか？」と聞かれたので、たとえば……と、博さんと一緒にアラスカに行って野生のクマに会った話をしたんです。でも、あちらがイメージしていたのとは全然違ったみたい

で「はあ……」って。

山田 ははは。

山藤 カナダのイエローナイフにオーロラを観にいった話や、犬ぞりに乗った話も楽しくしたんですが反応は同じ。つまり僕がしたいのは冒険的な旅行で、そこにはお金を使いたいけれど、あとはいらない。「お子さんにお金を残さなくていいんですか？」「いいんです。大学卒業までは責任を持ちますが、あとは自分で生きていくでしょう。会社を継ぐ必要もないから、どうするかは自分で決めればいいと思ってます」「そうですか」というような話をずっとしていたら、ついに**「何のために経営してるんですか？」**と聞かれたんです。

山田 おー！ ついに。

山藤 銀行の支店長をはじめとした3人があっけにとられたような顔をしていたので、ここでちょっとマジメな話をしたんです。

山田 はい。

山藤 僕は何のために経営をしているのか。経営をする何が喜びで、何が楽しいのか。お金がもっともっと儲かったら、たしかに収入は増えますよ。でも「収入をもっと増やしたいでしょ？」と言われても、そんなことはないんです。実際、コロナで厳しいから、今、僕の給料は半分以下になっています。お金はとくにいらない。ではなぜやっているのかと言ったら、カッコつけるわけでなく、善人ぶるつもりもなく、**本当に、マジメに、うちの会社のスタッフや仲間に幸せになってもらいたいから**なんです。めちゃめちゃ喜んでもらいたい。その1点だけなんです。

山田　いつも言っていますよね。

山藤　ずっとそうなんですよ、それだけなんです。それ以外に何にもない。自分の会社のスタッフが「この会社で働けて超良かった」とか言ってくれたら、泣きそうになるくらいめちゃめちゃ嬉しいでしょう?

山田　嬉しいですね。

山藤　**経営の喜びなんて、他には何もない**と思うんです。最初はがむしゃらに「プラスにし続けなくてはいけない」と思ってやってきたけど、今はそうではないなあと気づいた。

山田　なるほど。で、それと、大丈夫の話はどうつながるんですか?

山藤　結局、その銀行の方たちとの会合は、最後まで平行線をたどって1時間で解散しちゃった。僕のビジョンがわからなかったから、手伝えることを何も見つけられなかったわけです。

山田　そうですよね。

山藤　たとえばクリニックが満床だから新しい物件を探す。学校の建物が老朽化してきたので新しくつくりたいといった、必要に応じた投資はもちろんします。でも、将来のビジョンを組み立てて、その目標に向けてあらかじめお金を貯めながら、そこに到達できたら「達成できて良かったね」といったことはしたくないんです。するつもりがない。そういう違いなんです。

山田　たしかにそれはかなり違いますね。

山藤　僕の「大丈夫」はそこに行くんです。**先の目標をまず考えて、そこに向けて努力をして、達成できたら成功というやり方は、目標達成が拠り所になってしまう**じゃないですか。それって本当の喜びなのかな、と思うんです。だから、僕は**「これを始めよう」と思った瞬間で、もう大丈夫**なんですよ。ようするに「今が大丈夫なんだ」という感覚なんです。かなりわかりづらい話ですけど……。

山田　いや、いや。わかります。けれど、このニュアンスは伝えるのが難しいですね。

山藤　**今が大丈夫だから、先は大丈夫**なんですよ。

山田　うん。これね、難しいですよ。

山藤　博さん、解説してください（笑）。

山田　僕なりの言葉で説明してみましょうか。森につながる話です。

未来を予測する力の素晴らしさと呪縛

山田　たとえば森の中で1つのどんぐりが落ちて、すごく大きなカシの木に育ったとします。これを最初から計画して**「10年後には、ここに高さ○メートルのカシの木が育つようにしたい。そうならないと困る」と考えるのは、この世界でおそらく人間だけ**です。森には何万個、何十万個のどんぐりが落ちているのだから、どの1つが巨大なカシになるかなんて、わからない。これが自然界です。なるかもしれないし、ならないかもしれない。自然界にいる生き物は、みんなそうやって生きている。カエルの卵だって、あんなにたくさん産まれているのに、大半は卵かオタマジャクシのうちに食べられてしまって、成体のカエルになるのはごくごく一部でしょう？

山藤　そうですね。

山田　海の中を大勢で群れて泳ぐ小魚たちも、巨大な魚に丸呑みされてしまうことがある。生き残るのはほんの一部で、そうやって、みんな生きている。つまり、彼らは**将来を予測しながら生きているんじゃなくて、その時その時を必死に生きて、結果として生き延びていっている。**そういう動物や植物の営みを、我々も見て、知ってはいるんです。だけど、人間だけは「来年にはこうなっていなければならない」とか「10年後にこうならないと成功とは呼べない」と捉えて、**人生を設計しちゃう**んですよ。

山藤　うん。したくなりますね。

山田　森に行くようになって僕もわかったんですけど、自然の摂理から見れば「それって、ちょっとおかしくないですか？」ということなんです。どうして、人間だけがこんなに不自然なことをやり続けているのか。もちろん理由はあると思うんです。思考という能力を獲得した人間は、社会を発展させるために資本主義をつくり、科学の知識と技術を応用して富を拡大していき……といった歴史的な長い経緯があって、現在のようになっている。それを否定するつもりはまったくありません。僕もその恩恵を十分受けている1人です。だから、それはそれでいいと思うんですけど、ただ**「不自然ではないですか？」**とは思うんですよね。

山藤　そうですね。

山田　**不自然なことを続けすぎると、自然界はそれを一旦チャラにする**ことがあります。臨界点が来て、次の段階に向けて、すべてが遷移していく。世界をいわば、ガラガラポンしてしまうんです。もしかしたら人間社会も行くところまで行くと、いずれ、そういうことが起きるのかもしれないなと思ったりもするんですけどね。

山藤　うん。

山田　僕には、さんちゃんの言う「今」「今が大丈夫」という感覚は、この**自然の摂理**と似ているように思えるんです。この地球の生態系において、人間以外の生き物たちはみんな**「今この瞬間にできる最善のこと」**を選んでやっている。それが上手くいくこともあれば、上手くいかなくて、消滅してしまうこともある。でも、それを嘆いたりはしない。少々人間的に表現すれば**「そうだったんだね」という感じで、受け入れている。**ましてや「またやろう」「次こそは達成するぞ！」なんてことはまったく思っていなくて、おそらくは、そういう意志ではなく、摂理の中で動かされている。人間は「思考」という考える力を持ったがために、未来を予測できるようになった。そして「10年後はこうなりたい」と未来の目標も描けるようになってきた。その力はとても素晴らしいものだと思うんですけど、**「目標通りにならなくてはいけない」「目標を達成できなければダメだ」と思い込んでしまうと、悲劇が起こる**んじゃないでしょうか。

山藤　うーん（考え込む）。

山田　「なりたいなあ」はいいと思うんです。子どもが「宇宙飛行士になりたいなあ」って夢を持つのは素敵じゃないですか？

山藤　うん、そうですね。

山田　だけど「将来、必ず、宇宙飛行士にならなきゃいけないんだ」と決めつけて、でも、なれなかった。それで「人生に失敗したダメな人間だ」となったら、本当に悲しいことじゃないかと僕は思っているんです。さんちゃんの経営は、そういうものに囚われず、**今、最善だと思うことを、みんなが必死に、がんばってやっていく**ということじゃないのかな？必死に、というより、さっきの企業指針の言葉を借りれば、**喜びの中で、誇りを持ってやっていく。**そうすれば、結構良いところに行けるんじゃないか。もし行けなかったら、それはそのときまた考えようよ、ということかなと思うんだけど。

山藤　ああ、そうか（笑）。そうですね、そういうことです。

自然界のような経営という選択肢

山藤　言われてみると、たしかに森っぽいですね（笑）。

山田　**自然界と同じ**に見えるんですよ。少なくともそうあろうとしていますよね。

山藤　そうかあ（笑）。

山田　そういうことだと思います。僕自身このことを森から学んでからは、自分が関わる組織の経営の仕方とか、人との接し方とか、あらゆるものが変わっていきました。やってみたら、本当にそうなってしまった。嫌がられることもあるんですよ。**「ちゃんとしてな**

い」とか言われることもあります。

山藤　わかります。

山田　世の中の仕組みの中で〝ちゃんとしている〟人から見れば「もっと先々のことを見通して、計画を立ててやるべきだ」と思われてしまうんだけど、**「やろうとすればそうすることもできるけど、もうやらないことにしました」**と答えています。なぜなら、不自然だから。だから、今日聞いている、さんちゃんの経営観は、僕には本当に理に適っているように見えるんです。この理は**摂理の理**ですね。摂理に適っている、と思うんです。

山藤　（歩きながら、考え込む）

山田　こういう話をしていると「いや。こっちにはもっとすぐれたやり方がありますよ」と言う人が出てきます。経営論に限った話ではないけれど、比較したがる。「その考えもわかるけど、こっちにはもっと成功している人がいるよ」とか「こっちのほうがすごいですよ」なんていう話が始まるんですが、僕は意味ないと思うんですよ。**どうして比べるのって？**

山藤　そもそもね。どうして比べたがるんだと。

山田　そう。そもそも、その人たちが**「これでいい」と言ってるんだから、それでいいじゃないですか。**別の経営論でがんばって利益を出している人も「それでいい」のなら、それでいい。ただ、それだけの話だと思うんです。**いずれのやり方を採っていたとしても、自然の摂理は生態系全体に働く**んだから、最終的には落ち着くところに落ち着く。そうなれば人間も生態系の一部として、どのくらいの塩梅（あんばい）でやったほうがいいのかもわかってくる。でも、そんなことは許容できないという人もいるのかもしれません。

山藤　なるほど。

ビジョンや数値目標ありきの経営とそうでない経営

山藤　いわゆる仕事のできる、気の利くタイプの人はよく**「ビジョン」**という言葉を使いますよね。さっきの銀行の方に限らず「理事長の5年後、10年後のビジョンを教えてください」なんて言われることは日常茶飯事です。聞く側は当たり前のことだと思っているし、それこそが経営の根幹だくらいの感じで意気揚々と聞いてくる。

山田　あー。

山藤　採用面接でも「質問はありますか？」と聞くと、志望者からそういう問いが出ることがあります。どう答えようかなと思っていると、たいてい僕の横にいるスタッフが笑いながら「ごめんなさい。うちは、そういうのないんですよ」って先に言います。「ビジョンなしで、どうしているんですか？」と驚かれてしまうこともありますが、本当にうちには**予算もないし、目標のノルマもない。数値設定もしていません。**僕が一度も言ったことがないんだから、うちの職員は、聞いたことがないんです。

山田　ははは。

山藤　数値目標なんて掲げなくても、クリニックに患者さんがどのくらい来ていて、どんな雰囲気なのかとか、学校に来ている学生の様子がどうかをしっかり見ていれば、うちが良い場所になっているのか、仕事が上手くいっているかどうかなんて、わかるじゃないですか。

山田　わかりますよね。

山藤　大きな組織なら全体像が見えなくなることがあるかもしれません。でも、僕らはみんな現場を毎日見ているんだから、わかる。むしろ**目標やら数値達成が目的になると、実態を見ることが疎かになりかねない。**だから、これでいいと思っているんです。それで実際に回っている（＊1）。昨日の銀行でも「ビジョン」という単語が出たので、そこを話したつもりなんですけど……。

山田　どんな反応でした？

山藤　それがですね。耳障りのいい表現を使おうと思ったのか「山藤理事長は今を生きる人なんですね」と言われました。

山田 （笑）

山藤 （腕を組んで）うーんって。カッコよく聞こえなくもないけど、何も考えていないようにも受け取れますよね（笑）。今のベストを尽くしているのはたしかですが、別に今を生きるというポリシーを持っているわけでもない。なんか最近は、「今を生きる」と言うとカッコいいというブームみたいのがあって……（笑）。だから、うーん、そうじゃないんだけどなぁ……、みたいな……。

山田 そうですね。

山藤 だから、くどいようだけど僕にとっての経営は、スタッフが喜びを持って幸せに仕事してもらうためのものなんです。そのための会社をどうつくるかしか考えていない。でも、勝ちにはこだわりますよ。お金があったほうがスタッフも幸せになれるから、その面ではちゃんと勝ちにいく。

＊1　コロナ禍の影響を大きく受けた2021年3月期決算も、医療法人社団昭和育英会全体の売上は減ったが、最終的に利益は一昨年とほぼ同等だった。

ビジネスにおける公正さと自然界の真っ当さ

ビジネスにおける勝ちと負け

山田　（強めの風が吹く）風がちょっと強くなってきましたね。あれは竹林かなあ。

山藤　（同じ方向をながめて）そうですね。

山田　それで今も出たけど、さんちゃんは「勝ち」という話をよくしますね。

山藤　はい。勝ち負けは否定しません。会社が存在しているのはこの人間社会なのだから、他より良い会社をつくって、利益も上げて、勝ちにいきたい。それが社員の幸せにつながる社会だからです。勝ち負けはないほうがいいとは、まったく思いません。

山田　勝ち負けは、比較することと似た雰囲気があるじゃないですか。勝つ人と負ける人がいるということは、比較して上と下で優劣をつけている。そこで1つ質問が出てくるんです。さんちゃんは、**ビジョンを掲げず、「今」に集中する**という経営をしていながらも、勝つことにはこだわっている。ここはどういう関係になっているんですか？

山藤　ああ、たしかに。（少し考えて）そのことで今思いついたのは2つのことですね。1つは、僕がチームドクターとして帯同した、なでしこジャパンでの経験。ワールドカップやオリンピックという純粋な勝負の世界で勝つ、優勝するということを間近で体験しました。勝ちが100％良いことなのかはわからないけれど、彼女たちの勝利が多くの人に幸せをもたらしたのはたしかだと思うんです。選手本人だけでなく、僕たちスタッフもそうだし、大勢のサポーターや観客、テレビの前の人々も、あの喜びを我がことのように感じた。だから、**勝ちは喜びにつながる、**と思える。

山田　ええ。

山藤　もう1つは……本音で話したいのでそうしますが、先ほど聞かせていただいた、**博さんの働き方や経営についての考え方や、「株式会社森へ」という会社を素晴らしいと感じる一方で、世の中の多くの組織には当てはまらないんじゃないか、**とも思うんです。

山田　それは、おっしゃる通りですね。

山藤　**森のように経営するなんて、相当、難しい。**「森のような経営」というテーマの対話なのにこんなことを言うのは失礼なのですが……（笑）。さっきおっしゃっていたように、博さんのやり方に違和感を覚える人がいるのも、僕はわかるんです。「どうなるかはわからないけど、これでいいじゃん」なんて普通じゃないから、そりゃあ戸惑いますよね。だから、今、この現実にある社会で組織をつくって何かをしようと思ったら、強いリーダーシップである程度導いていかないとやっていけないと多くの人が考えている。**「みんなそれぞれのやり方でいいよ」と言葉では言えても、それを実践できるほど、社会も人もまだ成熟してはいない**と、僕は感じているんです。

山田　そうですね。

山藤　たとえば経営をしていても、**「すべての企業や人は敵ではなく、本当は味方である」**という考え方がありますよね。競合している企業を、ライバルではなく、ともに闘う仲間とみなす。他の会社も、社内の他部署もお互いにリスペクトしながら、みんなが尊敬し合うのが正しいって。

山田　最近、そういう論調が多くなっていますね。

山藤　ですよね。これは勝ち負けのまさに反対です。全員をリスペクトすることが大切だ。お客さんだけじゃなく、同業他社も、業者もみんなリスペクトするべき仲間ですよ、という考え方です。じつをいうと、**僕も以前はそう思っていた**んですよ。

山田　あ、そうなんですか？

山藤　はい。そういう経営の本を読んで「そうだよな！」と共感して、年頭所感や企業指針にも、そう書いていていました。でも、実際に経営をし続けていると、どうしても尊敬できない会社があったりするんですよ。「どうして、こんなロクでもないところと一緒にされなきゃいけないんだ」と思えてしまう。明らかにひどい会社に対しても「仲間だから、比較なんかせず、手をつないで一緒にやっていきましょう」とやるのはフェアじゃないと僕は思うんです。

山田 あー。

山藤 やっぱり、一生懸命正しいことをやっている会社が残るべきだし、そうでない会社には「きちんとやっていないじゃないか」と結果を示しながら、言いたい。これが僕の言う勝ち負けです。

山田 わかりやすい。そういう意味なんですね。つまり**フェアであること**が大事？

山藤 （少し考えて）わかりやすく言えば、そうですね。世の中も人も平等であるとは思っていません。**平等でないからこそ、僕たちは公正ではあるべき**じゃないですか？　正しいことをやっているところにちゃんと人が集まれば、スタッフも胸を張れる。正しいことをやっているからこそ誇れると思うんです。でも、正しくないけれど、規模や知名度、巧みな宣伝で人が集まることがある。だから「あそこには負けられない」と思ったりするわけで、**中身での勝ち負け**はあるべきじゃないですか。そういう意味での公正ですね。

山田　それは、僕の言葉で言うと**「真っ当」**ですね。

山藤　ああ、真っ当。いい言葉ですね。

山田　**ズルさがない**というかね。ちゃんとやったら、ちゃんと結果になる。やってなければ、それなりでしょうという感じで、**これも摂理と同じ**だと思うんです。

山藤　うん。そう思います。

山田　だから、その考え方も自然界とミスマッチではないんじゃないですか？　森でいえば、**まったく人の手の入っていなかった森に、ちょっと手入れをしてあげると素晴らしい森に一気に変わる。逆に素晴らしい森でも、何もせず、放置すれば、乱れていく。**ただ、それは人間の目線ですけどね。森からしたら**本当はどちらが素晴らしいのかは、誰にもたぶんわからないい**んだけど。

山藤　うん（考え込む）。

人間社会のフェアネスと自然界のフェアネス

山田　ただ、なんていうかな……。昨日は風が結構強かったじゃないですか？

山藤　でしたね。

山田 今朝、10年以上前に植えた家の庭木の1本がボキッと折れていることに気づいたんです。結構大切にしてた木でね。

山藤 ええ。

山田 庭に出るたび「今日も元気そうだな」なんて毎日思って見ていた木が、ボキッと折れた。**人間としては「折れてほしくなかった」**と思って、悲しい。「なんだよ風のやつ、吹きやがって」みたいな感情も湧いてくる。でも、**自然界の摂理で考えたら、その感情はフェアじゃない**と思うんですよね。**自然界では、強い風が吹けば、弱い木は倒れるもの**ですから。

山藤 そうですね。

山田 ただ、それだけのことなんですよ。でも、倒れなかった木もあって、たぶん、その木はちゃんとやったんでしょうね。何を、どう、ちゃんとやったのかはわからないけど、おそらくは、しっかりと根を張ったり、幹の内部もしっかりしていた。そして、そうじゃなかった木は倒れた。ただ、それだけのことなのに、人間は「大切に可愛がっている木は倒れちゃいけない」みたいなふうに思うから、おかしくなってしまう。

山藤 たしかに。

山田 というようなことを、ちょうど今朝、思っていたんですよ。今の公正の話と似ているなと思って。もちろん自然界の公正は、人間の公正とはちょっと違いますけどね。上手く説明できないかもしれないんだけど、**自然界はやっぱりすべてが上手く働いているなあと感じる**んです。摂理によって。見えないところまで。

山藤　うん。

山田　木が根をしっかり張るためには、木だけの力では足りません。土の力もあるし、土中に無数に存在する菌類の力も必要ですよね。木が根を通じて土の中から栄養を摂れるのは、菌の働きがあるからだと考えられている。でも、土の中に菌類などの微生物がどのくらいいて、それが何をしているのかについては、まだはっきりとはわかっていません。人間には調べきれないほど、多様で大勢の微生物たちが、それぞれいろいろな役割を果たしているわけです。ある木は、そうした私たちの知らないものが重なり合って働いたことで、根っこをしっかり張れたので、昨日の風で倒れなかった。大切にしているつもりだった木は、どうやら逆に菌類が多すぎたようです。折れた断面を見たら、枝の中にまで菌が入り込んでいたんですよ。たぶん、お互いを活かし合うはずの菌類たちが、なんらかの理由でその木を侵食してしまったから倒れたんでしょうね。**自然界で起きるのは、そういうワケのわからない、人間にはまだ理解できないところでの、生きた／死んだ、**だと思うんです。

山藤　そうですね。

山田　でも、人間の公正さは違いますよね。「あの人はフェアで、この人はフェアじゃない」と言うためには、公正さの判断が必要で、それはどこにあるのかといったら、人間の中にしかない。

山藤　たしかに。

山田　これって、**すべてを人間が決めていくゲームをしている**感じがするんです。

山藤　ゲーム……してますね。

山田　人間がすべてを決めるゲームを、人間社会の中でやっていくことの良さもあると思います。だけど、**人が何をやるにしても、そのまわりには、常に人間には理解の及ばない自然界の営みがある。**僕が森から学んだことは、人間だってその中で生かされているだけなのだから、その見えない何かが作用したときには「え！　そうなっちゃうの？」と思うようなことだって、そりゃ起きるよね、っていうことです。

山藤　そりゃあ、そうですよね（笑）。

山田　人間以外の生き物は、それを受け入れているんですよ。それで、さんちゃんの話に戻すと、たとえば「真っ当にやっているところが、真っ当にやっていないところに負けた」と感じたとすると、人間の価値判断では許せない気持ちになる。「なんでだよ」みたいに悔しがったり、「あいつら真っ当にやってないくせに」と憤る気持ちも湧いてきます。この感情は、**僕が今朝、倒れた庭木を見た気持ちに似ている**んです。

山藤　ああ、なるほど。

山田　「なんでだよ」って思いましたもん。だけど、倒れるんですよね。**大切な木でも倒れるときは倒れる。**で、その一瞬だけを切り取って人間が判断すれば、たしかに勝ち／負けになっているけれど、それは、僕らには見えていない土や微生物やさまざまな関わりの中で起きたことなんです。だから、**僕は「真っ当だけど負ける」ということにも意味がある**と捉えないと、やっぱり、なんというのかなあ……（歩きながら考えに沈む）。

山藤　（歩きながら、同じように考えている）

山田　そうでないと、嫌になっちゃうというか、持続できないというか。戦いをつくるんじゃないかと思うんですよ。**「なんでだよ」「おもしろくない」という気持ちが、戦いを生んでしまう。**さんちゃんがそうだというわけじゃないけど、世の中にはささいなイザコザが絶えないじゃないですか。

山藤　そうですね。

山田　コーチングをやっているから、そういう悩みをよく聞くんです。それで、イザコザの源を見ていくと、たいてい自分が「良し」と思っていることとは違うことをしている**他人への違和感**がある。「おもしろくないな」とか「どうしてわかってくれないんだ」といった気持ちが発端になっているケースがすごく多い。**「自分が大切にしているものを、ないがしろにされた」という気持ちが、戦いと悩みを生んでいる**んです。まあ、もっと深いところまで探れば**「自分自身を信じられていない」**ことが発端になっていることが多いんだけれど。

山藤　はい。

山田　少し脱線したかもしれないけれど、だから、フェアということも自然の摂理には含まれているんだと、僕は思います。

山藤　僕も森に来て、そういう感覚を学びましたね。

大丈夫＝何が起きてもしなやかに生きられる強さ

山田　（森に向かう山道を指して）ここから入りましょうか。足元の悪いところがあるので、気をつけてくださいね。

山藤　はい。（歩きながら）でも、僕はやっぱり良い場所をつくりたいし、きちんとやっていないところには「ちゃんとやりましょうよ」と言いたいなあ。ただですね、かなり乱暴な言い方をすると、その結果ならば、**会社はどうなってもいいんですよ。**

山田　自分の会社がどうなってもいい？　すごいことを言いますね（笑）。

山藤　本気ですよ。僕らは自然界にいるのと同時に、人間社会にも属していますよね。人間の社会でみんなが喜ぶ幸せには、当然、お金を得ることも含まれます。それぞれ生活があるし、家族もある。家族を幸せにするためには、人間社会のゲームの中で評価され、稼ぐことも必要。その方法の1つが、**人が集まって組織をつくり、利益を出す**ことです。

山田　そうですね。

山藤　でも、**どれだけちゃんとやっても、組織がどうなるかなんて、本当はわからない**じゃないですか。人間社会も自然の一部だし、そうでなくても、一瞬にして状況が変わってしまうことはいくらでもあり得る。だから、**会社なんてなくなっても別にいい**んですよ。本当は、うちの職員みんなにも、そう思っていてほしい。**そう思える人を育てたい**んです。

山田　ああ、なるほど。

山藤　最近、自由に動かせる会社を1つ立ち上げたんです。「もしうちの会社が潰れても、このメンバーだったら大丈夫だ」と思える何人かで、新しいことをやろうかなと思っています。まだ数人ですけど、「飲食店をやっても絶対に流行（はや）るよね」なんて話しているんですよ。それは、僕を含めた1人1人が、今やっている仕事がどうなったとしても、しなやかに、**何をやったって自分は大丈夫だと思っている**からなんです。

山田　だから**「大丈夫」**ということなんですね。

山藤　そう。そういう人を増やしたい。

山田　その「一瞬にして状況が変わってしまう」が現実に起きた一例が、今のコロナ禍じゃないですか？

山藤　ですね。まさに今、起きている。

山田　我々が今、リタルタイムで体験していることが、その1つですよね。2019年末までは想像もしなかった事態になって、それまでの常識がさまざまな場面でひっくり返っている。当たり前で必要不可欠だと思っていた毎日の通勤が「リモートでもだいたい問題ないじゃん」と感じている人もいれば、真っ当にやってきたつもりの努力が無になって「とんでもないことになった」と嘆いている人もいる。人間のやってきたことを全部、度外視するようなこの出来事に対して「なんでだよ」「理不尽だ」と感じてしまうのは仕方がないけれど、**人間もこの生態系の一員である以上、起こることは起こる**んですよね。愚痴を言っても仕方がない。**それでも、この世界で生きていく。そう思える心、**というかな。

山藤　わかります。

山田　もちろん、災害が起きてほしいわけじゃないですよ。そうではなくて、**何があっても生きていくんだよね、という大丈夫さ。健やかさ。そういうものを育みたい**ということですよね？

山藤　そうですね。僕にとっての人材育成はそういうことなんです。博さんはコロナ禍になってから、うちの学校に来たことがありますよね。スタッフの様子はどう感じました？

山田　以前とまったく変わりませんね。

山藤　ですよね。全然、元気なんです。結局、そういう人材をつくっていきたい。僕が感じているように**「大丈夫」と思える人を増やしたい。だから、森に連れてくる**んです。

山田　そういうことなんですね。（山道を歩きながら）もう少し行くと、いい感じの場所がありますよ。

Chapter 2のリマインダー

● 森に入った人がほぼ必ず発する言葉は
「大丈夫」と「安心」の2つ。

● 個人の大丈夫は「自分は自分のままでいいんだ」、
経営の大丈夫は「今が大丈夫だから、先も大丈夫」。

● 将来を予測し、コントロールして人生を設計しようとするのは
人間だけ。自然界全体からみると不自然なこと。

● 希望や夢はいいが、「目標通りにならなくてはいけない」
と思い込むと悲劇が起こる。

● 目標や数値達成が目的になると、
実態を見ることが疎かになりかねない。

● ビジョンを掲げず、「今」に集中するという選択肢もある。

● 平等ではないからこそ、公正（フェア=真っ当）であることが大切。

● 大切な木が倒れて人間は悲しんだり、憤りを感じたりするが、
自然界の摂理（フェアネス）では、その感情はフェアではない。

● 私たちは、すべてを人間が決めていく
ゲームをしているのではないか。

● 人間の営みのまわりには、
常に人間には理解の及ばない自然界の営みがある。

●「真っ当だけど負ける」ということにも意味があるのではないか。

● 何があっても「自分は大丈夫だ」
と思える健やかさこそが、これからの強さ。

いい加減

囚われがない

ありのまま

美しい経営

生物多様性

佇まい

サイン

伝播

Chapter 3

森のような経営
——@寺家の森

感じる

見えないもの

世界を「ヨコから見る」ということ

森との遭遇は「恐怖」から始まった

山田　（森を歩きながら）さんちゃんが初めて森に入ったのは2015年でしたっけ？

山藤　そうですね。「株式会社森へ」が主催する **「森のリトリート」** に参加しました。場所は山中湖の森でしたね。

山田　「はじめに」でも触れましたが、「森のリトリート」は、日常から離れて、森の中で心と身体を開き、深く内省し対話することによって、自分自身や事業の原点について本質的な気づき、洞察を得る2泊3日の合宿型プログラムです。最初は、個人で参加したんですよね。あのときは人数が少なくて、そのぶんたっぷり会話をした記憶があります。長い長い感想文ももらったけれど、初めての「森との遭遇」はどうでしたか？

山藤　**最初は恐怖**ですね。

山田　恐怖？

山藤　まずは森に入るとき。もちろん、獣や野生もそうなのですが、何よりも僕にとっては小さなころに絵本で読んだ、怖い森の妖精が潜んでいるような、うっそうとした森に恐怖を感じました。そして、誰も来ない森の中で自分の居場所を決め、1人でしばらく過ごす時間がありますよね。初めてのときは、その時間も怖かった。

山田 どんな怖さですか？

山藤 （ちょっと考えて）未知の怖さというか……。**普段の生活では触れることのない、何が起こるかわからない怖さ、**ですかね。本当に初めての感覚で、そういうものを強烈に感じたんです。

山田 まあ、完全に1人きりになりますしね。

山藤 そうなんですよ。木漏れ日とか、森の暖かさなんてものはまったく感じませんでしたね、最初は。

山田 恐怖しかなかったんだ。

山藤 ひたすら怖かったです。

山田 まあそうですよね。たしかに（ふと立ち止まって、そばにある木を見上げる）。

山藤 **受け入れてもらえていない感じ**ですね、今思えば。

山田 （歩き出す）その恐怖は、どの段階で変わったんですか？

山藤 2日目にまた1人で森の中にいたら、**鳥の鳴き声が変わった**気がしたんです。こちらのすぐ近くまで寄ってきてくれるようにもなった。それで、これはもう完全に僕の個人的な表現なんですけど、**数百メートル先にある葉っぱの動く気配まで、はっきり見えるような感覚**になったんです。なんというか、全体を見渡している感じですね。

山田　（うなずきながら）もう少し行くと、ひなたに出ますよ。

山藤　まわりの木々が喜んでいるな、なんて思ったり。本当にそうかなんて、わからないんですけどね。風の吹いているさまが見えている気がしたり。そういうことを感じているうちに、恐怖はなくなっていました。

山田　さんちゃんは森に来ると、よく、数百メートル先の葉っぱの揺れが見えるとか、動きがつかめる、なんて言いますね。それはそのときから？

山藤　1日目はまったくなくて、恐怖がなくなった2日目の午後からですね。それからはひたすらそこにいる感じ。

山田　2日目からずっとなんだ。で、その夜に星の話をしましたね。

一番星という〝サイン〟

山藤　一番星の話をしましたよね。森で1人で過ごしたあと、みんなで焚き火を囲んで対話をしながら夜空を見上げて、「あれ?」と思ったんです。誰もがなんとなく「一番星が出た」なんて言うけれど、ただ暗くなったから見えるだけで、星はずっとそこにある。だから本当の意味でゼロから**「星が出る」瞬間なんて人間には見ることはできない**んじゃないかなって(笑)。

山田 本当は見ていない。一番星は、出ているんだけど。

山藤 大した話じゃないんですよね。ただ「あれ?」と思った問いを出してみただけのこと。でも、その場の人たちがみんなおもしろがってくれて、話が広がった。博さんがそれに続けて「今まで見た中で一番きれいな星空はどこですか?」と聞いたので、僕は22歳で初めて行った海外。バックパッカーで宿もその日に決めるような旅で、オーストラリアのウルル(エアーズロック)で見たサザンクロスの話をしたんです。ツアーに参加して、ガイドさんの英語の中で聞き取れた数少ない単語がそれで「これが南十字星なんだ」と日本では見ることができない星座に感動した、大切な思い出です。

山田 僕はカナダのクイーン・シャーロット諸島の夜空に浮かんだ天の川の話をしたんでしたね。

山藤 アラスカの先住民がつくった大昔のトーテムポールを観にいったという話で、そこで**星野道夫**さん(＊1)のことを知りました。それで森のリトリートが終わって、家までの帰り道に青山で本屋に立ち寄ったら、角のほうに本が陳列されているコーナーがあった。近寄っていったら、たまたま「星野道夫特集」をやっている。「昨日の博さんの話に出てきた人じゃん」と思って、内容もわからないまま、適当にエッセイ集『旅をする木』(文藝春秋)と写真集『風の物語』(CCCメディアハウス)の2冊を選んで、買ったんです。そうしたらクイーン・シャーロット諸島のトーテムポールの話と写真が載っていた。それで博さんに連絡したんです。

山田　そうでしたね。『旅をする木』はまさに私の人生とともにあるような大事な本なんですよと伝えました。

山藤　それを聞いて、縁というかタイミングというか奇跡のような本との出会い、星野道夫さんとのつながりに驚きました。で、その話はそのままなのですが……。なぜか、2年後には一緒にアラスカに行っていた(笑)。

山田　2017年、アラスカのクマに会いにいきましたね。そうか、2年後だったんだ。

山藤　そうですよ。

山田　たった2年しか経っていなかったのかあ。

山藤　ウチのスタッフを連れて森に入ったりとか、そういうお付き合いはし始めていましたが、そんなに長い付き合いでもないのに、プライベートでお酒を飲んでいたら「夏にアラスカに行くんですけど、一緒に行きます？」って突然誘われた。まあ「行きます」と即答した僕もなかなか変ですけど（笑）。「なんで僕？」とは思いますよね。

山田　ははは。改めて考えると、たしかにおかしいですね。

山藤　全部**「単なる偶然」**とも言えるんだけど、博さんは**サイン**（＊2）と言いますよね。森で過ごすうちに僕も**そう捉えるのもいいな、**と思うようになりました。

山田　まあサインだったんですよ、これは。サインってふっと感じるもので、誰の身にもやってきているけど、**偶然とか気のせいで片付けることもできる**んです。でもそれに気づくことができて、さらにそこから思いついたことなどを実行に移せるようになると、なんというのかな……**「感じる」センサーが鋭くなる**んですよ。

山藤　そうなんですよね。アラスカで野生のクマに会ったのも、今、ここでこうやって話しているのも、そもそもの発端は**2015年に一番星の話をしたところから始まっている。**もちろん、焚き火を囲んで話していたときは、こんな未来はまったく思い描いていません。たまたま僕と博さんが交差しただけに過ぎないとも言えるんだけど、でも「これはサイン

＊1　アラスカを拠点に自然や野生動物、人々の暮らしを記録し続けた写真家。1996年ロシア・カムチャツカ半島クリル湖でテレビ番組取材同行中、ヒグマに襲われ44歳で死去。
＊2　直感で捉えた何かの兆し。

かもしれないぞ」と信じられるようになってきた感じです。

山田　そうそう。たぶん、それがポイントなんですよね。同じものに遭遇しても、それを何かの**サインと信じるか／信じないかで、その後は分かれてしまう。**気のせいにするとか、たまたまだねとやり過ごせば、それで終わり。けれど、さんちゃんは森に入ったり、いろんな経験をしてきたことで、それを「信じられる」という表現だったけども……そういうふうになってきたということですか？

山藤　そうですね。さっき「先を予測して、ビジョンをつくり、その目標をクリアすることが大丈夫」ではなくて「今あることで大丈夫」と思えるようになったと話しましたよね。そうなったことで、**今起こっている出来事に対しても、必ず「どうして今、こうなっているんだろうな」と思えるようになった**んです。

山田　ああ。

山藤　たとえば仕事が上手くいっていないとか、思わぬハプニング的なことが起きた瞬間に「どうして、こうなっているんだろうな」と思う。**まるで自分のことじゃなくて、正面からでもなくて、先ほど言ったようにヨコから見ているような、第三者みたいな場所から「どうして、こんなことが起きているんだろうな」という捉え方をするようになった**んです。

山田　その言葉！　その「ヨコから見ている」感覚について、もっと聞きたいんです。

世界をヨコから見る感覚〈「森道」での体験〉

山田 「ヨコから見ている」という表現は、さっきも出てきましたね。それまでの「見る感じ」と「ヨコから見ている感じ」は、どんな違いがあるんですか?。

山藤 言葉にするのは難しいな……。（しばらく考えて）森の体験で話していいですか?

山田 もちろんです。（木漏れ日の差す場所を指さして）あの辺まで行きましょうか。

山藤 「森道」に参加したときのことです。

山田 それまで実施してきた森のリトリートよりも深く森を体験するために始めた、7泊8日のプログラムですね。そのうち3日間は、深くて広大な森で1人きり、誰にも会わずに過ごします。アメリカのある研究で、**3日という期間には体験を深める効果がある**とされているんです。**1泊と2泊では明らかに人間の認知**が変わる。僕は7日という長さにも意味があると思っていて、1週間というサイクルが7日ですからね。そのときの体験ですね。

山藤 はい、本当に衝撃でした。森のリトリートは、うちの職員たちも連れて何度か参加するようになって、さっきも話した「大丈夫」という感覚を知ったり、自分だけでなく「相手の大丈夫さ」を感じ取れるようになったり、対話の素晴らしさを実感するようになりました。でも、森道はそれとはまるで違う体験だった。参加者がそれぞれ1人になって森の中で過ごしていた**2日目の夜に、嵐があったた**じゃないですか。

山田　そうでしたね。

山藤　嵐の中で心細い気持ちで一晩を過ごし、翌朝、集合場所に戻ろうとしたら、迷子になったんです。広い森の中で、まったく方向がわからない。「このままだと本当に帰れないぞ」と絶望的な気持ちになって、立ちすくんでしまった。それで、ふと顔を上げたとき、見覚えのある木が眼の前にあったんです。それまでは360度全方位、同じような光景にしか見えなかった森で、**たった1本の木が目に飛び込んできた。**誇張ではなく、膝から崩れ落ちて、その木のところでおいおい泣いたんですよ。

山田　すごい話ですよね。

山藤　なんで膝から崩れ落ちたのか……。いつも森のリトリートでは、森に入るとき、博さんは最初に「サインに導かれて『**自分の場所だ**』と感じる場所を探してみてください」と言うじゃないですか。そしてその場にいつもいて、自分の場所にしてくださいと。その木は、僕が**2015年、初めての山中湖での森のリトリートで選んだ場所**だったんです。その後も山中湖でのリトリートではいつもその場所。でも、本当に同じような風景の続く広大な森の中での1本なんですよ。だから、なんというのかな……その迷子になって、さまよって途方にくれている中で、まるで**「最初から用意されていたんだ」**というような感覚になった。**だから泣いたんだと思います。**

山田 そういうことですか。森をさまよっていたんだけど、気づいたら、自分が最初にいた場所に戻っていた。その安心感で泣いたんですかね。

山藤 うん、そう思います。**変な話をしているなぁとも思いますよ。**この本を読んでいるみなさんもおそらくそう思うでしょう。博さんもご存じのように、普段の僕は超現実主義者ですから、その感想は当然だとわかります。でも、このときは、本当にこの広い世界で**「ここにつながっていたんだ」**という感覚を味わったというか。おっと（足元の土が崩れる）。

山田 そこはぬかるんでいるようですね。

山藤 （足元に注意しながら）自分は**これまで、そういう気配を感じ取ることなく、生きてきたのかな**と思ったんです。森で迷っていたときみたいに、**その木の存在にまったく気づかないで近づいたり、遠ざかったりしていたんだろうな**って。

山田 知ったんですね。

山藤 そうですね。知ったんだと思います。おそらくですが……森羅万象のその一部を知ったというか……。一部でありながら、全部を感じたというべきか……。

世界をヨコから見る＝サインを感じ取る

山田　聞いていると、その瞬間は、**森とさんちゃんが本当の意味で一緒になった**ターニングポイントだった気がします。

山藤　泣き崩れましたからね。今、振り返っても、あんなに広大な森で、嵐の夜を含めた3日間を過ごしたあと、地図もなくさまよった先に生えていた1本の木を見て「あ！　この木は知ってる！」となるって、ちょっとあり得ないことだと思うんです。

山田　そうですよね。

山藤　そのとき強烈に感じたのは、**小ささ**です。

山田　小ささ？

山藤　表現が下手で申し訳ないけど。

山田　いやいや。小さいと感じたんですか。

山藤　そうですね。ものすごく広いところで起きた出来事のように思っていたけれど、じつは**1つのものの中にある**ような感じがした。宇宙みたいな大きなものの中にある1つのもの。だから「小さい」というのは、**どんなに驚くようなことが起きても、全部1つのものの中にある、当たり前の出来事**なんだよなあ、と思ったんです。本当は広くもなくて、遠くもなくて、バラバラでもない。起きるはずのないすごい出来事に出会ったのでもない。「あ、この中にある話なのね」とわかった、という感覚。

山田　わかったんだ。

山藤　この体験をしてから、仕事で起こるハプニングやトラブル、悩みに「どうしてこんなことが起きるんだ！」なんて驚いたり、怒ったり、深刻になったりしなくなりました。「どうやって解決しようか」ともがくより先に、「大きな1つの枠の中で起きたこの出来事は、のちのちの自分にとって何なんだろう」と思っているような感じです。何が起きても、それは、次に何かが起こることを知らせているのかもしれないなあ、と楽しくなる。博さんの言う〝サイン〟のように、物事を見ることができている。だから、**今起きていることに対しては、良いことも悪いこともなくなった**んですよ。

山田　さんちゃん……。

山藤　はい？

山田　今、すごいこと言ってますよ（笑）。

山藤　ははは。いやあ、これを**「ヨコから見ている」**と表現しているんです。

山田　それが、ヨコから見ている感なんだ。

山藤　そうです。僕が見ている感覚ではないですね。組織を含めた世界全体をヨコから見ている。**良い／悪いのジャッジもせず、ただ「これは何だろう?」と問いかける、サインのようなものを、経営において感じる**ようになりました。これが、森を体験した後の変化ですね。「今やっていることで大丈夫」と思う感覚とも似ていると思います。

囚われないで「今」に合わせる

山田　そうですね。「ヨコから見ている」を、僕の言葉で言うと**「目の前の出来事に囚われていない」**という感じですかね。

山藤　あー、なるほど。

山田　他の言い方をすると、出来事を「なんとかしなくちゃ」と**コントロールしようという意識があまり働かない状態。**「それは、それだね」というふうに見ている。

山藤　まさに、そんな感じです。

山田　たぶん、そういう状態なんですよね。経営者がこの立ち位置でいるのは、普通はなかなか難しい。さっきも出たけれど、いわゆる資本主義的な経営では、**最初に計画があって、期限までに結果を出せば成功、**というふうに捉えます。だから、**計画通りに進まないことに対する恐怖**がある。恐れですね。その恐怖をなんとかするために、できるだけ多くの物事をコントロールしようとする。自分がコントロールできるものはもちろんだけど、経営者の恐れが強いと、できないものまでコントロール下において、とにかく計画通りに進めようとしてしまう。

山藤　そうですね。

山田　それは**「囚われている」**にかなり近い感覚です。「コントロールする」という意識に囚われているわけですよ。

山藤　ああ。

山田　さんちゃんは囚われていない。経営者としても**「それは、それだね」**と眺めていられる。たとえば「学生が集まりません」と職員に言われたら、たいていの理事長は「ヤバイ」となって「もっと募集をかけよう」と職員、教員にハッパをかけたり、「どうして集まらないんだ！」と叱咤激励してコントロールしようとしますよね。そうやって、少しでも定員に近づけようとする。これはコントロールです。これが悪いというわけではなくて、普通はどこの学校でもこうやるんですよね、きっと。でも、さんちゃんは「今年は学生が集まっていないんだね」とヨコから見ているから、良いも悪いもない。

山藤　そうです。その例で言うと、定員80人のところに40人しか来ないとしたら「40人に対してできることは何だろうね」とだけ言いますね。少ないぶんだけ手厚く教えられるかもしれない。だから「その人数で一番良いものを提供できるようにしよう」と話すと思います。

山田　うん。**今起きていることから展開していこう、**ということですね。そこから始まるよね、っていう。

山藤　もう1つ「収入が減るなら、その収入で成り立つように仕事を変えませんか」とも言いますね。**今に合わせる。**これ、コロナ禍で去年から実際に言って、やっていることでもあるんです。

山田　（深くうなずく）

森と私たちが溶け合う感覚

山田　今、僕らは森を歩いているじゃないですか。変な言い方かもしれませんが、**この森は、僕ら（スタッフを含め）5人を見ているん**です。

山藤　はい。

山田　僕以外の4人はこの森に入るのは初めてです。人間は初対面同士だと、緊張感がありますよね。ちょっとよそよそしい感じになる。森も同じで**「初対面だな」**と思っているんです。（立ち止まって、木の幹を軽くたたいて）この木もそう思っている。僕は何度か来ているので「アイツはこのあいだも来ていたな」と思っているかもしれません。

山藤　ははは。

山田　初対面の人間は、森からすれば警戒の対象でもある。火をつけられるかもしれないし、伐採される危険もある。だから、ちょっと緊張感を持って、今はじーっと見ている。で、僕らは喋っている。今は、そんな感じがしますね。だから、**まだ僕らと森は一体化していません。**まあ、言ってみたら、異物が入ってきている状態です。

山藤　（うなずく）

山田　（離れたところにある木を見ながら）あれくらいの太さの木が育つには、おそらく数十年はかかっている。その間、何度も台風が来たり、地震があったり、虫に食われたり、菌類が入りこんだりしてきたはずですが、あの木はそれらを全部受け入れてきた。そうやって生きている。（しゃがみこんで足元の土を手ですくう）この土は、木から落ちた葉が分解されてできたはずだけど、どこまでが葉っぱで、どこまでが土か、微生物がどの程度含まれているのかなんて到底わからない。

山藤　そうですね。

山田　これを**「土だ」と呼んでいるのは、人間だけ**です。実際はさまざまなものの複雑な集まりですから、分けることなんてできない。本当は「これ」としか言えない、と僕は思うんです。そういう**溶け合って1つになっているものを、我々人間は自分たちの都合で分けて「これは枯れ葉でこれは土だ」というふうに認識している、**普段は。でも、さんちゃんの森道での体験はそうじゃない。その木に出会ってしまった瞬間は、森とさんちゃんが分かれていなかった、と思うんです。何か1つになったというか、そういう体験だったんじゃないかなと感じますね。

山藤　うん。そんな感じですね。

山田　もうちょっと奥に行きましょうか。ひなたのほうが暖かいから。あー、ほら、ほらほらほら。こことかどう?

山藤　ああ、いいですね。

（2人で、森の木々を見上げる）

喜びの経営と森のような経営

基準点は喜び。それ以外はもうない

山田 ここの森はすごくきれいな木がたくさん生えていますね。寺家の森でもとりわけ気持ちのいい場所だと思います。風が通るし、日も当たる。木を間引いたりして、よく手入れされているから、明るいんです。人が管理していない手付かずの森はもっとうっそうとして、薄暗いです。（歩いてきたほうを振り返り、脇のあたりを指さして）あちらの平らなところは、**湿地帯**ですね。足を踏み入れると、グチャッとなります。その中には**膨大な数の植物、昆虫、小動物、微生物が住んでいるはずですから、生物多様性という意味では、この森のキモとなるポイント**です。ああいう場所がないと自然環境は循環しにくくなってしまう。しかし、地球上で湿地帯はどんどん減っているようです。

山藤 （眺めている）

山田 最近、あまり雨が降っていないんですよ。

山藤 ですね。

山田　募集定員の半分しか学生が来ないのと少し似ているなあって（笑）。

山藤　ははは。

山田　でも**森は「雨が普段の半分しか降っていない！」「理不尽だ！」なんて嘆いていない。**本当に、降ったぶんでやろうとしている。そして、倒れてしまう木もあるし、干からびて死んでしまう木もいるんです。森の中では、こうした営みが昔も今も粛々と続いている。7泊8日の森道で、さんちゃんはそうした様相に囲まれたんです。

山藤　そうなんだと思います。

山田　僕の推測ですが、たぶんそのとき、そうした森の様相が、さまざまな角度からさんちゃんの内面に取り入れられて、最後のハイライトが起きた。そして世界を**「良いも悪いもなくて、起きることが起きているんだな」**というふうに見られるようになってきたんじゃないかと思うんです。おそらく、ずっと前からそういう素養は持っていたんですよね。これまでの経営の話を聞いていると、間違いなく持っていた気がします。だけど、**森と出会ったことで、その感性や捉え方がより研ぎ澄まされた**というか、開花したというのかな……。

山藤　**囚われがなくなった、**という感覚はありますね。

山田　囚われがなくなった。なるほど。

山藤　そのうえで自分が拠り所にしているのは、やっぱり**「喜び」**なんです。**今あるもの**

で、一緒に働く仲間に何をしたら喜んでもらえるだろう。それだけをより考えるようになった。言葉だとなかなか伝わりにくいんですけど、本当にそうなんです。現在のコロナ禍という状況では、経営者として「楽しそうに振る舞っていていいんだろうか」と思うこともあるんです。世の中全体が厳しいときは、やっぱり世相に合わせた発信をしないとマズイんじゃないか、みたいなこともちょっとは考えました。でも、やっぱり喜びを基準にやり続けてきたので、僕はとにかく楽しそうに、キラキラしていたい。そんな僕を見て、うちのスタッフも周囲の仲間も「楽しそうにしていいんだな。喜んでいいんだな」と感じてほしいんです。だから、たとえば会社に1万円あったら、そのお金で一番利益を上げられる事業は何かとかじゃなく「この1万円で何をしたら会社のみんなが一番喜ぶか」を最初に考えるようにしています。ある事業への投資がみんなの喜びだと思えばそうするし、みんなで美味しい食事に行くのもいいし、現金が一番だと思えば1000円ずつ配ってもいい。

山田　さんちゃんの中では、それがすべての起点になっているんですね。「みんなが喜びを感じるために自分に何ができるだろう」というところから、動いている。

山藤　今は、そうです。

山田　喜びやみんなの幸せ、誇りといった考え方は、さんちゃんが経営に携わるようになった当初からあったんですよね。でも、こうして話を聞いていると、その**度合いがものすごく高まっているよう**に見えます。何ていうのかなぁ……**もはや喜び以外がなくなっているみたいな**感じ？

山藤　あ！　おっしゃる通りですね。もう、それしかないですもん。

山田　そうなったのに、森での体験は関係ありますか？

山藤　もちろん。もちろんあります。

山田　どんな？

山藤　うーん。心で感じたことを、言葉で表現するのは難しいんですよね。（少し考えて）博さんをはじめ、森のプログラムで知り合ったいろいろな人と対話をする中で気づかされた面もあります。でも、やっぱり、森での体験なんですよ。結局、**人間が行き着く先は「生まれてきた喜び」だと言っていいんじゃないか**、と思うようになった。この世界で生きることにはつらさや苦しさが伴うという解釈もあるけれど、それでも、生まれてきた喜びはたしかにあって、それは決して揺るがない。大げさな言い方をすれば、人生が上手くいってもいかなくても、生きていてもたとえ死んでも、それぞれの「生」を体験できること自体が純粋な喜びだと思えるようになったんです。ああ、そうだ。それは、**森という場所には死が溢れている**ことに気づいたからということもありますね。

山田　死。

山藤　そうです。死。

森には「死」と「生」が溢れている

山藤　森は死に満ちている。1人きりで森で過ごしていて、あるとき突然そう思ったんです。

山田　うん。

山藤　森の中に横たわって寝ていたんです。そうしたらふと**「自分の下にあるのは全部死骸だ」**と思った。さっき博さんが言っていたように土のほとんどは植物や微生物の死骸です。昆虫の死骸もあるだろうし、動物の骨も、何百年、何千年も前にそこで息絶えた人の骨があってもおかしくはない。

山田　本当にそうです。

山藤　夜の森は、木々の揺れる音や、虫、鳥、小動物の気配に満ちている。横になるとアリや何だかわからない虫もくっついてくる。でもその一方で、僕の下には、恐るべき数の生き物の死が溢れている。そういう空間に身を置いているうちに、なんていうのかな……。

生も死もないんだな、とわかった感じになったんです。もう大きな森の中全部が、じつは喜びに満たされているんじゃないかという感覚。**良い／悪いとか、意味がある／ない、なんて関係なくて、全部喜びじゃないか**と。だから、今は何をやっても楽しくて、仲間にも喜びを知ってほしいなあと思いながら仕事をしているんです。

山田　いやあ……また、すごい話してませんか？

山藤　ははは（笑）。**本心なんですけど、言葉にすると、すごいことになっちゃう**んですよ。なんとか上手く解説してください。

山田　いやあ、もう、解説ですか？　大変じゃないですか（笑）。

山藤　大変って（笑）。でも「喜びの経営をしたい」というのは心からの思いですよ。たぶんそれを、博さんは「森のような経営」と呼んでいるんじゃないのかな。

山田　今の話は、森と喜びがどうつながっているかを説明してくれたんですよね。ちょっと違う表現になっちゃうかもしれないですけど、僕なりの言葉にしてみます。あの……**喜びは目に見えない**ですよね。

山藤　はい。

山田　喜びがどういうカタチをしていて、どこにあるんですかと聞かれても、誰にも答えられない。みんな違うし、見えないし、カタチもない。**でも「喜びってあるよね」と我々**

ははっきりと感じている。 さんちゃんは、それをとりわけ純度高く感じていて、それをみんなにも感じてほしいと思っている。自分も感じて生きていきたいと考えている。

山藤　そうですね。うちの企業指針も、**他の人の喜びが自分の喜びである、**というのが大事な柱です。学生にもそう話すし、医療スタッフにも言っている。だから、純度はきっと高いです。

山田　高い。さんちゃんが森に入ったことで何が変わったかというと、それを感じる、感じ方の強さが変わったんじゃないかと、僕は思っているんです。

山藤　ああ、センサーのような？

山田　そう。「喜び」という感覚はもともとあったんだけれども、それを感じている自分。そして、それを周囲の人と感じ合っていることの喜びに対する感度が大きく上昇したように見えます。

山藤　それは、おっしゃる通りだと思います。

山田　なぜ上がったかというと、まさに**森がそれに満ちている**からですよ。

「美しい」としか表現できない何か

山田　たとえば「木が喜んでいる」と言われても、僕ら人間はそんなふうには思えません。なぜかといえば**「人間と木は違う」**と考えているからです。(枝についた葉を手のひらにのせて)「この葉っぱと僕たちは違う存在だ」と思っているから、「いやいや。**葉っぱに感情なんてあるわけがないでしょう**」となる。

山藤　そうですね。

山田　人間はもはやその考えから抜けられない。抜けられますか？　無理ですよね。この社会で「この木、この葉っぱには喜怒哀楽がある」と言い始めたら、きっと浮いちゃいます。もしくは**「科学的にそんなことはあり得ない」**と言われておしまいになる。僕も、**科学の領域の成果は否定しないし「わかっている」とされていることは受け入れる**立場です。でも、当然ながら、この世界のすべてが明らかになっているわけではありません。わかっていないことはまだまだたくさんあるし、今日わかっているつもりのことが明日には「間違っていた」となることだってある。**本当のところはまだ全然わかっていないのかもしれない。**「そこはどうするんですか？」と思うんです。もしかしたら、木や葉っぱには、彼らなりの感情があるのかもしれない。人間が「感情」とか「喜び」と表現しているものとはまるで異なっていて、僕らの科学ではまだ捉えきれていないだけで、なんらかのカンジョウ的なものを感じていてもおかしくはない。実際、彼らは明らかに〝感じて〟いる。（木々を見上げて）1枚1枚の葉っぱは、太陽の光線をしっかり浴びるために、全部微妙に方向やカタチを変え続けています。ものすごく繊細に。感じていなかったら、できるはずがないと思うんです。

山藤　そうですね。

山田　地上ではそういうことが起きていて、土の下でも根っこがものすごい状態でがんばっているはずです。（斜面を指さして）ああいう斜面で育ってしまった木は、自分が倒れないために必死に土の状態や、風を繊細に感じ取りながら、どちらの方向にどういう根を張ったらいいか、日々努力している。

山藤　（笑）

山田　どうしたんですか？

山藤　編集の方が今、さっき博さんが話題にした木の枝が、風もないのにビクッとなったみたいに動いた気がするって（笑）。

山田　ああ。**聞いてるんですよ**ね。たぶん全部わかってるんです。

山藤　誰がですか？

山田　森が。森のリトリートをやっていると、そんなことばかりですよ。誰かが森で感動した体験を話していると、風もないのに森がザワッと鳴ったり、葉っぱがふいに動いたりすることがあります。ものすごくよく起こる。**もちろん科学的にはあり得ない、となるんですけどね。でも「たしかに起きているよなあ」と僕は思います。**今「木がビクッと動いた」と誰かが気づいたときに「そんなことあり得ない。気のせいだ」で済ませちゃうのが今の人間社会では常識ですけど、**「本当にあるかもしれないな」「あってもおかしくないな」と受け入れられるようにしておくことが大切じゃないかな、**と思うんです。

山藤　森の中でずっと同じ場所にいると、そういう気配はわかりますよね。

山田　わかりますよね。僕が「森に入ったら、しばらく同じ場所にいてください」と話すのは、それが一番の理由なんです。**森は、僕らの知らない世界を持っています。**でも、こちらが歩き回ったりしていると、それを感じ取れなくなってしまう。見えなくなるんです。でも3日もいれば、わかります。不思議なことも当たり前に起きる。

山藤　（しみじみと）本当にそうなんですよね。

山田　そこで起きたこと、感じたものが何なのかは、わかりません。科学では解説できないし、意味づけもできない。でも、自分の身に実際に起きてしまったら**「あるかもね」と いう領域に一歩踏み出す**ことができる。**「あるかもね」「わかんないけど」**っていう領域（笑）。

山藤 あはは。

山田 だから、さんちゃんが森で感じた喜びの話を聞いていると、森も似たような何かを感じていたんだと、僕には思えるんです。**彼らが感じているものと、僕らの感じているものが出会ったん**じゃないか。言葉は通じないし、種もまったく違う生き物同士だけど「どちらも同じ地球上で何かを感じ合って生きている存在」というところで共鳴した、とでも言うのかな。そんなことが、森道では起きたんじゃないかなって思うんです。

山藤 ですね。森道のときは7日目、解散の前日の昼に、私がいつもいる場所で寝転がってくつろいでいたら、下のほうからガサッ、ガサッと足音が近づいてきたので、誰か来たのかなぁと思って顔を上げたら、鹿がゆっくりと私に向かって登ってきました。その場所で鹿に会ったのは初めてです。でもその**鹿は私に気づかない様子で、どんどん真っすぐ近づいてきた**（笑）。普通なら動物が人の気配に気づいて逃げるじゃないですか。でも気づかずに近づいてくるので私のほうがあせって、5メートルくらいのところで、手を振ったんです。そしたら鹿が顔を上げて僕を見て明らかにびっくりした目で驚いたんです（笑）。僕は声をあげて笑ってしまって……。それから、鹿にゆっくり手を向けて「横のほうに歩いていったらどうですか」と、うながしてみました。そうしたら首を90度右の方向に変え、そのままのペースでゆっくりと歩いて去っていったんです……。

山田　そのときのさんちゃんに、**人間の気配を感じなかったん**でしょうね……。獣も森も、言葉は通じない。科学的にも説明できない。だけど、僕らは同じ生態系の中でたしかに今、生きている。そして、今ここで出会って、何かを感じている。たぶん、**人間の言語にはこの感覚を言い表す言葉がない**んです。**「今、ここで生きているよね」**と感じている。

山藤　うん。うん。

山田　あえて言葉にするなら**「愛」**としか言いようがない。あるいは**「生きる喜び」**かな。今、生きているよね。ここに一緒にいられて良かったね、という喜び。この世界は、そういう喜びに溢れている。生きる喜びに溢れた空間にいるんだなと感じると、人間である僕らはだいたい**「美しい」**と言うんです。

山藤　うん、**森はたしかに美しい**ですね。

山田　そう。森という空間にいる喜びを、どう表現したらいいのか人間にはわからない。言葉は本当に小さな入れ物でしかないから、僕らが今、ここで感じている気持ちを余さず表現するなんてできません。けれども、残しておきたい。表現して誰かに伝えたい。だから、その**一言では尽くせないこともわかっているけど、それでも「美しい」と言ってみる**んですよね。

山藤　（目をつむって）いいですね。

山田　だけど、僕らが今、森で感じている領域は、本当はもっと大きく、膨大で、広い。そしてその領域で、彼ら（森）と僕らはたしかに今、呼応し合っている。

山藤　うん。

山田　目に見えるところでは、木々が繋っている。なかには倒れている木もある。どんぐりもたくさん落ちています。土の下には目に見えない菌類がいる。**ティースプーン1杯の土には、菌が発する菌糸が数キロメートル分も含まれている**そうです。菌糸には情報を伝える役割があって、まるでインターネットみたいに行き来しています。**森の下には、その広大な菌糸のネットワークが張り巡らされていて、木と木はある種の交信をしている**ことが、科学的な研究でわかってきた。森のどこかで木が倒れると、根の部分だけが不思議なくらいの生命力を発揮して、生き延びることがあります。これは菌糸を通じたネットワークで情報が共有され、同じ種の木たちが、自分の葉でつくった栄養を送っているからではないか、という研究も進められているそうです。僕らが見ても、そんなことはまったくわかりません。ただ「木が倒れているな。枯れたんだろうな」ぐらいにしか思わない。でも、**森は感じている。**地下の世界ではそうやって今を生き、森を成り立たせているんです。

山藤　（森を見渡しながら）ね。今、森と僕らは呼応し合っているという話を聞いて、私たちが森に来ることで、自然を体験し影響も受けるということはよく考えますが、実は私たち人類もその存在によって森や生態系に確実に影響を与えているんだなと今、話を聞いていて思いました。僕の言葉では上手く言えないけれど、一方通行ではなく相互に関係性、つながりがある、一体であるという感覚の話だと思いました。

山田　言語化はなかなかできないんだけれども、たぶん、さんちゃんは森に深く触れたことで、その**「喜び」**と**「喜びをわかち合える喜び」**という感覚を身につけたんじゃないでしょうか。それは、ここ（森）にいるさまざまな生き物が感じ合って、関わり合っているさまと、かなり近いものなんじゃないか、というふうに思います。僕も、最初はわからなかったけれど、森でそれを教わったんです。まあ、そんなイメージですが。

山藤　（うなずく）そうですね。そして博さんは今、森を「美しい」という言葉で表現してくれたけれど、僕は**経営においても「美しい」という感覚がすごく大事**だと思っています。良い経営とか、良い組織っていうのは、今の森の話や芸術と同じで、じつは誰が見ても美しいというのは、企業経営の指標になるとさえ僕は思っています。それは**売上とか成果とかの数字の指標とは別物で、これからの経営において一番大事な指標**ではないかと考えています。

感じる経営

「気配」を経営の尺度にしてみたい

山藤　今日、最初に話題に出た**「気配」も目に見えない**ものですよね。「職場の雰囲気を良くする」というのも同じで、見えないし、数値で表すこともできない。だけど、僕は今、**その見えないものを経営の尺度にしよう**としています。うちの学校やクリニックに入った瞬間の気配を良くしたいし、その気配を通じて、仕事が上手くいっているかどうかを感じ取りたい。そういうことを考えるようになったのは、明らかに森に来てからですね。

山田　そうですよね。

山藤　気配は、売上や利益とも直接的には関係ない。でもうちは、そのおかげで、博さんの表現を借りれば「森のような組織」だったり「獣（けもの）のようなスタッフ」がいたりできている。だったら、それを手がかりに経営をしてみてもいいんじゃないのって思うんです。上手い言葉はないんですけど、**もう、そういう時代になっているん**じゃないですか？

山田　たしかに「職場の雰囲気を良くしよう」という言い方をする場面が増えている感じ

はありますね。でも、経営者やリーダーが「もっとコミュニケーションをたくさんとって、雰囲気良くやろうよ」なんてしきりに声をかけるのは、ちょっと怪しくないですか？　それで本当に雰囲気が良くなるのかな、みたいな（笑）。

山藤　ははは。ちなみに、気配と雰囲気に違いはありますか？　博さんが感じる「気配がある」というのは、パーソナルなものというより、集合的な感じがありますね。

山田　間違いなく、集合的なものですね。たとえば、この森に来るとき、途中でパッと脇道に入ったのを覚えていますか？　あの**入口の気配とここの気配は全然違う**でしょ？

山藤　そうですね。

山田　なぜかというと、ここは、木々たちに囲まれているからです。入口よりも。

山藤　（まわりを見渡しながら）うん。

山田　でね。この1本1本の木が、さんちゃんのところの社員たちだとします。その人たちがそれぞれ発している気配や匂いがあって、それが混ざり合ったところに僕らがいる。だから、全然違って感じる。これと同じことを、僕は昭和医療技術専門学校の入口で感じたんです。職員や教員、学生さんもたくさんいる中でね。（風が吹く）今、ぴゅーという音がしましたね。あれは風で揺れた、あの木の音です。そういうものも全部含まれて、この気配になっている。**絡まり合ったいろいろなものが混ざり合ったものを、僕らは一瞬で感じ**

ているんだと思います。それが僕の言う気配ですね。

山藤　なるほど。「雰囲気を良くしようよ」と言ってもそうはならないけれど、**気配を察することはできる**と、僕は思っているんです。気配を察するアンテナを立てておくことはできる。たとえば、押し扉のドアをバーンと勢いよく開けてしまう人がいますよね。ドアの向こう側に誰かがいることを想像していない。これに対して「ドアの向こうには人がいるかもしれない」と気配を察しながら開ける人もいる。この差が、**人としての丁寧さ**につながると思うんです。向こうには何もないと決めつけて、誰かとぶつかっても「気づかなかっただけですよ」と言うかもしれないけれど、これは気配でわかることなんですよね。

山田　わかります。現場に身を置かない限り本当のことは見えてきません。**頭で考えただけのことは、人に伝わらない。だから人も動かないし、結果も出ない。**森もいわば自然という現場です。そこに身を置いてみて感じることを日々の中で実行することが大事。自然の中は人間のエゴが入っていないだけ自分自身がよく見えます。その感覚は日常の現場でも同じように養えます。現場で感じるということが身に付いてくると、1つ1つの出来事からいろいろなことが見えてきます。それが丁寧さにつながるのだと思います。険しい山道を歩く場合も、一歩の足が丁寧に動くことがもっとも負担なく、そして楽しく歩くことになる、ということなのです。

ゆっくり、静かに、感じる経営

山藤　僕が気配を察するうえで一番大事だと思うことは、森のリトリートが基本としている3つと同じなんです。

山田　**「ゆっくり、静かに、感じる」**ですね。

山藤　そう。そうすると気配を感じ取ることができる。年頭に出した企業指針の最後に「面倒くさいことをより丁寧に」と書いたのは、このことなんです。気配を察しようとか、気配を感じようというのは、落ち着いた中でなきゃできない。普段やっている「いつもバタバタしてて……」と言われる業務からしたら、かなり面倒くさいことかもしれないんですよ。でも、それをより丁寧にやれば、気配を察することができるし、結果的に良い雰囲気をつくることにもつながる。だから**「雰囲気を良くしましょう」と言うだけなのは怪しいけれど、1人1人が気配を察するアンテナの感度を高めることは、良い雰囲気をつくることにつながる**気がしているんです。

山田　そういうふうになったんですね。

山藤　だから**「感じる経営」**という言い方もできるなと。

山田　できますね。さんちゃんの言う、今起きていることをヨコから見て「ああ、そうなんだね」と受け入れるのって、別に**他人事にしているわけじゃない**ですよね？

山藤　（強くうなずいて）違いますね。

山田　無責任になることではなくて、「そうなんだね」と感じているということだと思うんです。一般的には「そうなんだね」ではマズイから「なんとかしよう」とする。それも感じ方の1つで、ただ、感じ方が違うだけ。

山藤　いやあ、おっしゃる通りですね。「先生、大変です！」と慌てた職員が来ることがあって「どうしたの？」「○○さんが、こんなことになりました」「ああ、そうなんだ。何が大変なの？」「だって、大変じゃないですか！」と言われるんですけど、「そうなのかな」と思うんです。

山田　ははは。

山藤　起きている出来事はもちろんわかっているんです。でも、その人が「大変だ」と言うのは何が大変なのか、というところを**感じて**おきたい。**鈍感であれ、とか、鈍くあれというう意味ではないんです。敏感でもいい。ただ「その人にとって何が大変なのか」という気配は感じておいたほうがいい**かな、という感じですね。誰にとって、どう大変なのかを聞いてみると「それって本当に大変？」「まあ、そう言われたら」「そうでもないよね」みたいになることも少なくない。

山田　ああ、わかります。

山藤　もっと言えば、会社の経営が傾くようなことが起こっても、会社が潰れたって別に大変じゃないんですよ。どんなことだって起こり得るんだし、それよりも、誰にとって、どう大変なのかをヨコから見て**「会社が潰れたら何が大変なの？」**というふうに向き合うような感覚になっているんです。

山田　日々いろいろなことが起こっていて、社員の人たちが「大変です」とか「困りました」と知らせてくれる。それに対して、さんちゃんはそういう返し方をしているんですよね。その返し方が、森に行く前とは変わっている。

山藤　たしかに。森後はね（笑）。

山田　森に行く前は「それはちょっと大変だな」と返すケースもあったんじゃないかと思うんです。でも、だんだん「あ、そうなんだ」と受け止められるようになった。いわゆる度量や懐が深くなった感じで、動じなくなった。「それはそれだよね」となっている。

山藤　そうですね。明らかに。

「イイカゲン」と「いい加減」

山田 その変化は、社員の側も強く感じていると思うんですよ。「先生、いろんなことがどうでもよくなっているな」ときっと思ってる（笑）。

山藤 たぶん、そうなんですよね。そうそう、関係ないですが老若男女問わず、なぜか、お酒の席でモテるようにもなりました（笑）。森の話なんかすると、すごく反応されるんです。

山田 ははは。みんな、森に行きたいんですかね。でも、どうしてモテるようになったと思いますか？

山藤 うーん。安心できるからですかね（笑）。

山田 うん。

山藤 これは、わりと本心なんです。**自分のまわりにいる人に安心して頼ってもらえる**ことは、何より嬉しいものじゃないですか。それが、僕がこれまでの人生で培ってきたすべてだと言ってもいい。医者としても、教育者としても、経営者としても、1人の人間としても、自分が関わる人たちの安心と喜びに貢献できる存在でいられる喜びは本当に大きいと、最近つくづく思うんです。博さんには**「佇まいが変わった」**と言われましたね。

山田 言いましたね。森に入るようになってから、明らかに変わりましたから。初めて会ったころより、相当、いい加減になったと思います。

山藤　その自覚はありますね（笑）。

山田　**イイカゲンじゃなくて、いい加減**ね。加減が良くなってきたという意味です。囚われなくなったたし、こだわらなくなった。で、森のリトリートにも参加してくれている社員の人たちのうち何人かは、自分のところの理事長のそういう変化をめちゃめちゃ強く感じていると思います。さんちゃんの変化は、彼ら彼女らにも影響を与えている。見ていてわかるんです。

山藤　そうか。

山田　だって、**彼らもいい加減になってきていますから**。

山藤　たしかに（笑）。

山田　つまり、囚われなくなってきている。大事が起きても「なんとかなるんじゃない」とか「まあ話し合えばなんとかなるでしょう」という感じで受け止めている。コロナ禍にあっても、「ハア」（ため息）なんてことには全然なっていない。最初に会ったころよりも地に足がついた状態でいられることが増えてきているんじゃないかな、と僕には見えますね。

理念やクレドは、リーダーの佇まいを通じて伝播する

山藤　今、思ったことを質問してもいいですか？　僕に限らず多くの経営者に共通する悩みだと思うんですけれど、**理念やクレド**（＊3）みたいなものの伝え方についてです。組織が大きくなったり、人が入れ替わるときに「うちはこういう集まりだ」ということを、どうやって伝えるのがいいんでしょうね。経営者同士で集まると、みんな困っているようで「答えはない」という結論にいつもなってしまう。で、今の博さんの話が、もしかしたらその答えの1つじゃないかなと思ったんです。

山田　どういうことですか？

山藤　僕も毎年、年頭所感や企業指針をつくって、うちのスタッフと共有しています。でも、いくら一生懸命考えても、この**文章だけで僕がやっていることや理念をみんなに伝えるのは難しい**気がするんです。そうではなくて、**伝播する**ものなのかなと。

山田　ああ、そういうことですか。

山藤　博さんには、**僕の気配や佇まいみたいなものが、スタッフのコアな人たちに影響を**

＊3　企業全体が依拠する価値観や行動規範。

与えて伝播したように見えている。もし、その通りだとしたら、彼らの気配がその周囲にいる人たちにまた伝播していくんじゃないか。で、こういう広がり方のほうが、毎朝、企業理念やクレドを唱えるよりもずっと効果的に、その組織のあり方を深く、広く共有することにつながりそうな気がしたんです。理念やクレドのようなものは、むしろそういうふうに伝播させるのが正解じゃないのかな。またもや目に見えない話になってしまうけれど、そういう広げ方はないですか？

山田　逆に**それ以外にない**とさえ僕は思いますね。まあ、経営理念やクレドをきちんと考えてつくり、みんなで唱えること自体は悪くないですよね。

山藤　もちろん悪いことではないですね。

山田　どう言ったらいいかな……。悪くはないんだけど、でも**「喜びを持って生きる」**とか**「誇りを持てる施設」**といったものは、どこまで行っても、**言葉という記号に過ぎない**と思うんです。伝えたいのは、その言葉ではなく、その本質にある考え方の部分ですよね。僕は、言葉で伝えられるものと、そうじゃないものがあると思うんです。その言葉で伝えられない後者のものは、体現するしかない。

山藤　そうですね。

山田　**たとえば気配や佇まいで。あるいは行動、態度で伝えるしかない。**だから、いくら素晴らしいクレドを掲げていても、リーダーがその内容を体現していなかったら、まったく広がらないと思うんです。

山藤　ああ、それは本当にそうですね。

山田　その人自身がそのものでなかったら、広がることはない。「喜びが大事だ」と言っているリーダーが喜んでいなかったら、社員は「どうしたらいいんだ」ってなっちゃう。「あなた喜んでないじゃん」って。

山藤　絶対、そうなりますよね（笑）。

山田　そうなってしまっている企業も少なくないですよね。さんちゃんは、自分の理念を本当に体現している人だから、その**佇まいが、自然に伝播している**んだと思います。

ありのままでいると、まわりは安心する

山田　佇まいについて、森で説明すると……（あたりの木を見渡す）、立っている木々1本1本をよく見ると全部カタチが違う。背丈、曲がり方、みんな違うから森なんですよね。もし全部が垂直に、同じ背丈で、コンクリートみたいに立っていたら森にはなりません。**それぞれが、それぞれなりだから、森になる。**

山藤　それぞれなり、ね。

山田　木々はそれぞれなりで、だから全体が森として成り立つ。人でいえば佇まいですよね。それぞれが、ありのままの佇まいでいる。僕の言葉で言うと**「ありのまま」**。その人のまま、その木のまま。**ありのままでいることが一番、周囲に良い影響を与える**と思うんです。森のように全体も生かされる。

山藤　ありのままか、そうでないかなんて、佇まいににじみ出ちゃいますもんね。

山田　そう。にじみ出ちゃう。ちなみに、この**「ありのまま」**ってすごくわかりにくい言葉で、あまり使われてこなかった気がするんです。でも最近は状況が変わりつつあって、慶應義塾大学大学院教授の前野隆司先生が提唱している幸福学における**「幸せの4つの因子」の1つにも「ありのままに因子」**(**独立と自分らしさの因子**)**が入っています。**科学的な調査でも、ありのままでいることが、幸せにつながるという研究結果が出ている。

山藤　はい。

山田　**誰かがありのままでいると、まわりの人は安心する**んです。「ありのままでいていいんだ」「飾らず、あんなふうに振る舞っても大丈夫なんだ」と安心を与えることになる。さんちゃんは本当にありのままじゃないですか。

山藤　はい(笑)。

山田　今、**この森の中にいる、木々や葉っぱ、土や昆虫、動物、微生物たちと、人間の一番の違いは何かというと、この「ありのままさ」**だと僕は思うんです。（巨大な木を見上げて）この木は「もっと背の高い木にならなきゃ」と目標を設定してがんばったり、「どうしてオレはあっちの木より低いんだろう」なんて悩んでいません。太陽の日を浴びて、今、できることをやっているだけ。これがありのままです。でも、人間にはなかなかこのマネができない。「別のものになろう」とがんばってしまうし、自分以外の誰かと比較して「あんなふうにならないと成功者じゃない。評価されない」とがんばるじゃないですか。がんばることが悪いわけじゃないけれど、ありのままのがんばり方じゃないと、続かない。不自然になると思うんですよね。

「ありのままでいられる場」としての会社と伝播するリーダーシップ

山藤　博さんのおっしゃることはよくわかります。すごく納得できるんですけど、森の話を経営に応用したとき、**世の中のすべての人がありのままでいることが、良い組織をつくるとは僕は思っていない**んです。

山田　はい。

山藤　人間社会は森ではないので、そうすると、自分勝手な人間だけの集まりになってしまう可能性もある。最初にも少し話しましたけど、組織をつくるためには規律とルールが不可欠だと思っています。だから「僕のつくりたい会社」という旗を掲げ、理念、そして佇まいでそれらを示すことが、これからのリーダーシップのあり方だと思うんです。そこに、人が集まって動き出す。**「この組織なら、ありのままの自分でいられる」と思える人たちの集まりが、これからは会社という単位になる**んじゃないですか？

山田　そうですね。

山藤　ですよね。**社員は全員ありのままで好きなようにやればいい。それを全部包み込んで成長し続ける会社をつくろう、なんてことは、少なくとも今の人間社会ではできない**と思うんです。だから経営者は言葉と佇まいで「僕のつくりたい会社」を示し、「ここなら、私はありのままでいられる」と思う人たちを集めて、会社をつくる。だから、その会社には合わない人も当然出ます。合わない人は「合わない合わない」と文句を言うのではなく、そんな自分が合う場所で働けばいいんです。そのほうがお互いにとって幸せなんですから。だから僕は、辞めてもかまわないと言うんです。そういう人は、違う**「ありのままでいられるところ」を見つければいい**と思います。そして、**そういうありのままでいられる場所、そういう集団の集まりが、これからの組織とチームの創り方そのものであり、いわゆる伝**

播するリーダーシップの元になるんじゃないかという気がしました。

山田 その通りだと思います。同感です。

山藤 だから、本来の自分とは違う場所に居続けてしまうと、社員は苦しむことになる。**「ありのままの自分では、この会社にはいられない」**というときは、ありのままでいられるコミュニティに移るのがいい。それを認めるのが、たぶん**これからの多様性のカタチ**だと思っているんです。ありとあらゆるバラバラのありのままを、1つのコミュニティで全部認めることが多様性ではない。少なくとも、人間社会でそれをやるのは難しい。

山田 そうですね。

山藤 さまざまな「ありのまま」を受け入れる多種多様な組織がいくつもあって、社員になりたい人は、自分がそうでいられるところを探して所属する。そういうコミュニティでは、リーダーシップも佇まいで伝播しやすくなるから、プロジェクトごとに自然発生的なイニシアチブでやっていける。そういう組織やチームが良いんじゃないかという気がしますね。

山田 そうですね。そのあたりは、いろんな組織のカタチがあり得ると思いますね。ちなみに、森にも似たところがあるんです。**あっちの湿地帯に生えている木と、僕らのいる乾いたところに生えている木は全然違う。**

山藤　あー。

山田　湿地帯には、そこに「ありのまま」でいられる居場所がある木や植物、動物がいるんですよね。

山藤　そうか。森も同じですね。そりゃそうだ。

山田　そうなんですよ。足元の草にも、ここに生えている理由がある。**ここなら、ありのままでいられるから生えている。**もし、ここに湿地帯の植物の種が飛んできたら、生きられないからすぐ枯れてしまう。それだけのことなんです。人間に置き換えれば、そこで生きられないなら、そこから去ればいい。人間は動けますから。

山藤　**人間は、自分で場所を選べる**んですよね。

山田　植物の種子にはできないことです。**選択の自由は、人間の持つ根源的なパワーの1つだと思います。**

山藤　なるほど。

山田　選ぶ。選択する。選択できるというのはすごい力ですよね。

山藤　そうですね。（つぶやくように）経営する。僕の会社はこんな会社だと旗を掲げる。「私はそこでなら、のびのびと自分らしくいられる」という人が集まる。そして同じ旗を掲げた人たちが、旗に記したモノを一緒につくる。そんな感じがいいですね。

森の時間軸と人間のエゴ

山田　僕からも1つ質問していいですか？　さんちゃんはもともと会社を継いだわけじゃないですか。

山藤　そうですね。

山田　最初は、親から継いだ、しかも窮地にある会社だった。それを自分なりのやり方で必死に立て直して、今や、さんちゃんのリーダーシップで成り立つ会社になっている。この先、さんちゃんが死んだあと、この場はどうなったらいいと思いますか。学校や医療法人を誰かに渡したい？

山藤　やりたい人がいたら、やればいい。でも、そうでなかったら、やらなくてもいいというのが答えですかね。うちの仲間たちがまったく違うことにチャレンジしてもおもしろいなと思います。日本では、海外と比べても長く続く会社が多く、それを評価することがよくあって、それは本当に素晴らしいことで価値あることなのですが、ただ、長く続けるということ自体が目的になってしまうのは違うかなと思います。うちの会社が長く続くことを目的にするつもりは、僕の念頭にはまったくないですよ。

山田　やっぱり、そうですよね。やりたい人がいたら、やればいい。いなかったら、なくなってもいい。

山藤　はい。本当に、なくなってもいい。

山田　そのスタンスは、森のあり方とぴったりなんですよ。だって、この森も来年、再来年も、**ずっとこのままの森であるわけじゃない**ですよね。

山藤　そうですよね。

山田　旧石器時代にあった最後の氷河期から地球の気温が上昇し、縄文時代を経て、再び下降してきたという長い長い年月の中で、日本の森の姿はどんどん変わってきたと考えられています。環境が変わるんだから、当たり前ですよね。そして、僕らが見ているのは、今、この状態というだけのことなんです。２０００年、３０００年、１万年経ったら、全然違う光景になっているでしょうね。

山藤　そうですよね。

山田　時間のスケールは2ケタも3ケタも違いますけど、**人間の「自分がつくったものだから、できるだけ長く存続させなくてはいけない」というロジックは、この自然の摂理とまるで異なっている**なと思うんです。ただ、人間の場合は「やりたい人がいたらやる」という選択ができるけど、この木たちはそうではない。もしかしたら「この森にいたいからここにいる」と考えているのかもしれないけれど、そこまではわかりません。たぶん、これは人間と人間じゃないものの違いで、**どちらも素晴らしい**なって僕は思うんです。

山藤 （黙って森を見上げる）

山田 **選択は人間の持つ素晴らしい力である一方で、エゴの一種でもあります。**自分だけを守り、生き残ろうとする。**森の特徴はエゴが一切ないように見えるところ**です。木も、害虫が幹に侵入すると、化学物質を分泌して「あっち行け」と追い払うことはします。だから身を守ろうとはしているんだけど、人間ほどの強いエゴはないと僕は思うんです。みんなで生きているという状態を維持している。一方、人間は、自分だけが生き残りたい、自分の大切なものだけは守りたいというエゴがやっぱりある。でも、これは人間という種族の成長過程に過ぎなくて、これから変わっていく気がするんです。さんちゃんがさっきチラッと言っていたけど**「成熟していない」**だけで、これからの人類は変わっていくんじゃないか。たとえば、ここに生えている**クヌギやカシも、地球に植物の祖先が発生してから、この形になるまで何億年もかかっている**んですよ。

山藤 時間はかかりますよね。

山田 かかりますよ。

山藤 僕は今、仕事が楽しくて仕方がないんです。経営者なんて言っていいのかなと自分で思うくらい、もう全部スタッフがやってくれる。じつは僕、何もやってないんですよ。

山田　よく、そう言っていますよね。

山藤　そう。授業を何コマかやっているのは、学生と直接関わることが楽しいからで、どうしても僕が必要な部分以外はもう一切していません。みんなで集まって笑いながら会議をしたり、森に行ったりしてるだけ。

山田　僕が見てても、そんな感じですものね。

山藤　こうなるのに、およそ15年かかっているんです。ある日突然始めてできるものじゃなくて、10年から15年くらいかかってわかったことがあるというのが実感で、おもしろいなと思います。時間がかかるんだなあ、と。

山田　ですねえ。（時計をちらと見て）そろそろ時間ですから、戻りましょうか。

「森のような経営」の意義を証明していきたい

山田　（森に入った道を戻りながら）いいですね。話が尽きないですね。

山藤　そうなんですよね（笑）。

山田　改めて話すと知らないこともたくさんあって、おもしろい。ずっと話していられる。

山藤　今日話していて思ったのは、**生き方や働き方と経営の話は一体になっている**ということでしたね。この3つはこれから、どんどん重なっていくんじゃないかと。

山田　そう思います。

山藤　結局、**すべては生きていくための営み**だからでしょうね。だから僕は、生きるも死ぬも全部を含めた「生きている喜び」を原点に、経営をしたいし、働きたい。それが一番だと思うから。でも、目に見えない話だから「怪しい」と思われるかもしれない。

山田　そうかもしれませんね。

山藤　だから、僕は**経営者として結果でも証明したい**と思っています。うちの会社で働くスタッフには「楽しみながらも真剣に、悩みながらも喜んで働けているな。そして経営もうまくいって結果も出ているな」と日々、実感してもらいたい。気配や佇まいは目に見えないものだけど、森で学んだそうしたものを手がかりに経営をすると、人間社会の現実の会社として上手く機能するということを、「これだけの結果が出ていますよ」と数字でも証明し続けたいと思ってやっています。

山田　そうですね、全国でも有数の学生の合格実績や就職実績、法人としての売上や利益など、すでに世間や周囲に評価される数字としても結果は出ていますしね。

山藤　ありがとうございます。はい、それはそれで胸を張れる実績として誇りに思っています。

山田　やっぱり客観的に証明できないものや、結果の出ていないもの、目に見えないものに対して「怪しい」と考える人は多いですよね。けれど、江戸時代までは「夜の森に入ると妖怪にさらわれる」というような話が普通に通用していたのに、今はまったく違います。これそういう時代に、さんちゃんが結果を出すことには、大きな意義があると思います。これは僕の捉え方ですけれど、今は、目に見えないものを信じられない中で突っ走ってきた人や社会が「これではマズイ」と感じ始めてきて、シフトしなければいけない時代になっている。でも**「目に見えないものを信じて、そこからジャンプしなさい」と言われても怖い**じゃないですか。だから「大丈夫なのかも」と思える先達が必要なんです。モデルと言ってもいいですね。それがさんちゃんなんじゃないかと思います。

山藤　わっ、ありがとうございます！　褒めすぎですが！（笑）

山田　いえいえ、本当にそう思いますよ。僕が森のリトリートを始めたとき「森に誰を連れて行こうか」と考えて最初に思いついたのが、経営者だったんです。今、一番連れて行かなくちゃいけない人たちであり、一緒に行きたいと思った人たちでもあった。その最初に発想したことを、もっとも体現しているのがさんちゃんかな、と思うんです。その人が現実社会のビジネスで「え！　あれでいいの？」「ああやっても結果は出るんだ」となれば「だったら、うちでもやってみよう」となりやすい。そういう人が増えたら嬉しいじゃないですか。

山藤 ですね。

山田 本当に稀有な役割を果たそうとされていると思っています。僕はね。

山藤 博さんも稀有な役割だと思うんです。そして僕みたいな役割もいる。

山田 そうですね、いろんな人がいたらいい。

山藤 そのほうが意味がある。

山田 だから、**今、会社経営をしていて限界をちょっと感じている。だけど、どう変えたらいいかわからない。変えたらいいのはわかっているけどリスクがあるから変えられない、**というところで逡巡している経営者の人たちにこの本を読んでほしいなと思いますね。「目に見えない世界なんかいらない」という人は、今まで通りのやり方でやっていけばいい。それでいいじゃないですか。それが悪いとも思いません。

山藤 そうですね。もし読んでいて何かに気づいたり、それはそうだなぁと思ったり、これでいいんだなと納得したり、何だかおもしろいなと思った人がいたとしたら、「この本、あの人が読んだらおもしろそうだなぁ」と思う誰かに、ぜひ紹介してほしいですね(笑)。

山田 興味を持ってくれた人たちに「やれるかもしれない」と希望を感じてもらえたら御の字ですよね。僕もやっていますし、さんちゃん以外にも、この考え方で経営をしようとトライしている人を僕はたくさん知っています。ただ、森の影響を受けて、それをこういうふうに経営にブレンドしている人は、まだそれほどいません。でもこれからは増える気がしています。この本を契機に、**森に入ったり、海でもいいので、自然に触れていく**というムーブメントが起きていくと、本当にいいのになと思いますね。それは願いですね。

山藤　ありのままでいる人たちが社内で輝くためには、その会社の経営者がありのままでいないといけないのかもしれませんね。そのために経営している。

山田　いやあ、そうですね。

自然との距離

山田　（森を出て、里山を歩きながら）やっぱり森の中と外は全然違いますね。

山藤　（並んで歩きながら）そうですね。ところで、ふと思ったんですけど、**森と経営**なんていう話をしているのは、世界中で僕たち2人だけじゃないですか？

山田　いやあ、いると思いますよ。

山藤　潜在的に？

山田　ええ。いると思います。（寺家ふるさと村の谷戸を見て）素晴らしいですよね。これが谷戸で、あの奥に溜め池があるんです。江戸時代の溜め池が今も使われているそうです。水路をつくって、共同で管理し続けている。この石垣もおそらくずっと昔に組まれたものだと思います。

山藤 いいですね。あ、そうだ。これはどうしても言っておきたかったんです。こんなに森や自然の世界について話しているけれど、僕が大好きなのは、スイマセン、仕事と東京なんです(笑)。東京生まれの東京育ちで、仕事場も東京ですし。でも、森に行くことでその大好きな仕事や生活が豊かになるから、行っている。

山田 うん。

山藤 だから、**森を生活の基盤にしたいとはまったく思っていない**んです。

山田 それがいいですよ。森はさんちゃんの経営や生活のメインじゃないんですから。

山藤 僕にとっては、そうです。

山田 多くの人がそうだと思いますよ。

山藤 僕は都心のど真ん中でバリバリ仕事をしている人間なのだからそれを否定するのではなく、そのままで**時間をつくって森にも行く。**これがベストだと思っています。

山田 そういう**距離感も含めて、みんながそれぞれ選べばいい**と思います。ここも都会のすぐ近くにこんな場所がある。東急田園都市線の青葉台の駅からバス1本で来られる。そんなに大きな森ではないけれど、田んぼや畑もできます。僕も今年はここで野良仕事をするつもりです。

山藤　よく残っていますね。

山田　ね。よく残してくれたものだなと思いますよ。今日はありがとうございました。

山藤　こちらこそありがとうございました。

Chapter 3のリマインダー

- 初めての森では、未知の恐怖、
  受け入れてもらえていない感覚がある。
- 単なる偶然としがちなことを「サイン」と受け取ることで、
  感じるセンサーが鋭くなる。
- 「ヨコから見ている」経営とは、出来事に良い／悪いのジャッジをせず、
  「これは何だろう？」と問いかけ、サインのようなものを感じること。
  目の前の出来事に囚われていない状態。
- コントロールしようという意識に囚われず
  「それは、それだね」というふうに見る。
- 人間が行き着く先は「生まれてきた喜び」だと
  言い切ってもいいのではないか。
- 森には生だけではなく、死も溢れている。
- 人間の言語には森で得られる感覚を言い表す言葉がない。
  それでも「美しい」と言ってみたくなる。
  あえて他の言葉で言うなら「愛」あるいは「生きる喜び」。
- 良い経営、良い組織は、誰が見ても「美しい」のではないか。
- 気配を感じる基本は「ゆっくり、静かに、感じる」。
- 森でも組織でも、それぞれの人（植物や昆虫など）が
  ありのままでいられる、それぞれの居場所がある。

森のような人

安心、安全、大丈夫

自分でないものと向き合う

分断の世界は錯覚

手放す感覚

尊敬

愛と信頼と感謝

Chapter 4

自分の中に森を育てる
——＠里のengawa

その人らしくあること

ゆっくり

森以外の場で、森のように生きる

会話のチェックイン再び

山田　前回の対話（Chapter1〜3）から3カ月経ちました。ここまでのやりとりを振り返ってどうですか？

山藤　自分で言うのも変ですけど、原稿になって読み返した感想は「おもしろい！」でした（笑）。普段とは少し違うモードになっていたというか、森で対話したあたりはとくに覚えていなくて、「自分からこんな言葉が出てくるんだ」とちょっと驚いた部分も多々あります。それで、僕の勝手な思い込みや都合のいいウソが入っていないか確認したくて、うちの職員たちにも読んでもらったんです。

山田　どうでした？

山藤　理事長である僕の話を博さんが解説してくれるのが「おもしろい」という感想がありましたね。森に行ったことのあるスタッフも、行ったことのないスタッフもみんな「ウソはない」と言ってくれています。むしろ「こんなに開けっぴろげに話していいんですか？」と心配されたくらいで（笑）。

山田 それは経営者にとって最高のメッセージではないですか？ チームのメンバーが「ありのままのリーダーシップでいい」と言ってくれているわけですから。

山藤 あー、言われてみればそうですね。

山田 なかなか、そうはなれないんですよ。この本は、そうなるための手がかりのようなものになればと思っています。

山藤 それで読み返して1つ気になったのは、Chapter3の後半で僕は「東京の街が好きで、森にはたまに行くのがいい」なんて言っているところです。森のことを散々話しておいて、最後「森を生活の基盤にしたいとはまったく思っていない」と話して終わってる（笑）。本当はそこをもっと膨らませたかったんですよ。あれは大事なところですよね。

山田 大事ですね。まず、その話をしましょう。**僕も「森に行かなくちゃダメだ」と言いたいわけじゃないい**ですから。

山藤 そこからやりましょう。

必ずしも森に行く必要はない

山藤　この時代に、森に入る機会をつくるのは簡単ではないですよね。そもそも僕自身、森に行くのは年に1、2回です。

山田　そうですね。

山藤　だから実体験としても、森で過ごしている時間はそれほど長くはない。僕の経営や考え方も森で変わったというより、もともとあった要素がより強くなった要因の1つが森だと思うんです。7泊8日の「森道」のあいだなんて、何度も東京に帰りたいと思っていましたから（笑）。

山田　「もう帰りたい」と何度も言ってましたものね。

山藤　そうなんです。たぶん**大切なのは「大丈夫だ」と森の中にいるような感覚を持つことで、そのために必ずしも森に行く必要はない**と思うんです。森でなくてもできることはある。ちょっと結論めいた話になるんですけど、いいですか？

山田　もちろんです。

山藤　僕はそのための実践として、**感じたことをメモに残す**ということをやっています。大丈夫とか安心という、森的な「感じる」ものにはカタチがないから、すぐ忘れてしまう。だから、その感覚を残すために、文字にして書き留めるようにしている。うちは臨床検査技師の専門学校ですが、同じ理由で、学生にも私の講義や対話、イベントなど、ことあるごとに感想文を提出してもらっています（何通か取り出す。巻末の【付録3】参照）。

山田　どれも、びっしりと書いてありますね。

山藤　これは僕が受け持っている「臨床哲学・人間学」という1年生の授業で、「自分が自分らしくあるためにはどうしたらいいか」という対話を、ついこのあいだしたときの感想文です。正確には感想文というよりも、課題として、「感じたことをそのまま、起承転結も誤字脱字も関係なく、浮かんだままにただひたすらに書く」ということをしています。たとえば……（1枚を取り出し）、ある女子学生が授業の内容について思ったことを述べたあとで、こんなことを書いてくれたんです。自分はこの学校に入るまで、他人を遊びに誘ったことがほとんどなかった。いつも友人やクラスメイトから誘われて、興味があるときだけ参加する感じ。ところがこの学校に来たら、こちらのテリトリーにずかずか入ってくる明るい肉食女子みたいな子ばかりで、**彼女たちと一緒に過ごしているうちに、自分も気軽にまわりを誘うようになりました、**というんです。

山田　あー、いいですね。

山藤　4月に入学した子ですから、まだ2カ月なんですけどね。このあと「医療の現場に行ってもこうした関係性をつくっていけるようにしたい」と続くんです。これは、この学校を**「大丈夫な場」だと感じてくれた**から起こった変化だと思うんです。そして、おそらくこの感想文を書くまでは、この子自身もそのことに気づいていなかった。でも**書いたから、気づいたし、残った。**これが僕の言う**「感じたことを書く作業の大事さ」**なんです。そして、僕は提出された感想文を読んだあとは、また講義の中でこうした話をシェアしていく。そしてこのレポートは、読み返せるように本人に返しています。このようなことを繰り返しながら、自分が本当に感じたこと、そのことを表現していいということ、そんな瞬間に触れ、そして自分の財産としてそれを残していつでもそこに戻ってこられるということに気づいてもらう。講義をしてノートを取らせることも大事かもしれませんが、このような豊かな感性を邪魔することなく発揮させてあげられること、これこそが教育だと思っているんです。

山田　本当にそうですね。僕はさんちゃんの学校は、森と同じような「大丈夫な場」になっていると感じます。でも、それを感じ取れない人も少なくない。だから「感じる」ことを教えるのはとても重要だと思います。

山藤　新入生には高校最後の1年間、不登校だった子なんかもいたりするんですが、うちに来てからは1日も休まずに登校していました。ただ、僕の授業で教科書とノートを2回連続して忘れたことがあって、そのときのレポートに「2回も続けて忘れ物をしてしまったので、気を引き締めて夜のうちに準備をして、朝、確認する習慣を付けていきたいです」と書いてあった。ここまでは普通なんですけど、僕が授業で話したことも覚えてくれていて、そのあとに書いてあったんです。

山田 何を話したんですか？

山藤 「100％完璧な人間はいない。でも、世の中では100％を求められる場面がある。だから、できないことをできるようになるためベストを尽くしましょう。そして、そのうえで、**できなかった自分を許しましょう**」と言ったんです。だから、忘れ物をしたことは反省して、これからはしないようにがんばりますだけじゃない。これとセットで、できなかった自分を許すという作業をしてほしかった。この子が高校時代につまずいて、学校に行けなくなったのは、これがなかったからだと思ったんです。

山田 おそらくそうでしょうね。

山藤 学生たちはこちらのメッセージをちゃんと全部受け取って、レポートを書いてくれるんです。若者はすごいんですよ、場所さえ整っていれば。だから**森に行かなくても「感じたことを書く」のように、大丈夫という感覚を養うことはできる**んじゃないでしょうか。

山田 そうですよね。全面的に同意します。

「森のような人」がいれば、そこは森になる

山藤　これと関連してもう1つ改めて思ったのは、前回の対談でも少し話したように、**経営者やリーダー、教育者が「森のような人」でさえあれば、そこは森のように安心できる場になるんだろうな**ということです。

山田　そうですよね。**「森のように生きる」**ということだと思うんです。森のように生きる人たちが増えれば、安心、安全で大丈夫な世界になる。さんちゃんが教壇に立つ教室が、学生にとって安心、安全、大丈夫な場になっているのは、さんちゃんが森のような人だからです。

山藤　ありがとうございます。自分ではまだそこまで穏やかでいられている気はしないんですけどね（笑）。

山田　僕は間違いなくそうだと確信してます。こういう先生がたくさんいて、こういう教育の場があちこちに出てくれれば、森に行く必要なんてない。だって、そこが森なんだから。

山藤　うちで「日本語表現法・思考法」というカリキュラムを、外部講師として担当してくれている坂本聰（さとし）（＊1）という先生がいるんです。僕とは長年の知り合いなんですが、つい先週、3年生向けの就職活動についての授業で「これから、みなさんはいろんな会社や医

療機関に行くことになる。**世の中には本当にいろんな組織があって、いろんな経営者がいて、いろんな人たちがいる**から、戸惑うかもしれない。ちなみにこの学校を例にとると……」と続けて、「ずいぶん長く来ているけれど、**私は一度たりともここの職員と学生から傷つけられたことがない。**だからいつも安心して来ることができる。こんなふうに身構えることなく来られる場所って、社会にはそんなに多くないからね」と言ったんです。

山田 おお!

山藤 聞いていた僕も「おお!」と思って。たしかに、会社に限らず、さまざまなお店でも、街中の飲食店やコンビニでも、ふいにこちらを傷つける人はいますよね。それがうちの学校では、**この十数年で1回もなかった**と言ってくれたんです。

山田 それはすごいことですよ。

山藤 もちろん、これは彼の主観ですから「そんなことはない」と感じる人もいるでしょうし、もしかしたら少しはあったのかもしれません。でも、外部から来ている人がそう思ってくれていたのは嬉しかった。僕自身はそういう視点で見ていなかったので、全然気づいていなかったんです。このことを、博さんは**「気配」「森のようだ」**と表現しているのか

*1 国語力をベースにした個別指導教室「考学舎」代表取締役。

もしれないなと思ったんです。

山田　まさに表現が違うだけで、同じものを感じているのだと思います。安心、安全、大丈夫が隅々まで行き届いて充満している状態。だから、その気配を入学わずか2カ月の子が感じて、自分を変えてしまうということも起きる。「誰かを傷つけてはいけません」とか「変わりなさい」と**命令されたわけでも、仕向けられたわけでもないのに、自然と変わってしまう**ような場になっている。それができる理由は何かというと、**場をつくっている人が森のような人だから**です。

山藤　自覚はありませんし、まだ完璧だなんてとても思えませんけど、そういう場をつくりたいといつも思っています。

山田　多くの組織では、人間同士のエゴが出てしまって、**誰かが誰かを傷つける**ということが起きてしまう。そういう場で傷つけられていた人がここに来ると「あれ？」と最初は身構えてしまう。**「本当にこれでいいの？」**と、信じられないから。でもある程度の時間を過ごせば**「本当にこれでいいんだ。誰も傷つけようとしないし、こちらも身構える必要はないんだ」**と心から安心し、先回りして周囲を攻撃する必要もないんだと、**「大丈夫」に近づいていく**んだと思います。

山藤　（他の感想文を読み上げる）「マサルの授業は頭を使うから大変だけど、内容は納得できるし、ためになる」なんて書いてくる子もいます。

山田　ははは。マサルって呼び捨てなんですね。それも軽んじているわけではなくて、安心しているからこそそう呼ぶんだろうし、さんちゃんもむしろ喜んでるんでしょう？

山藤　たしかに（笑）。

山田　**森のような人が学校にいたらこんなふうになる。**企業にも、病院にも、家庭にもいてほしいし、街を普通に歩いていてほしい。そうしたら、社会はもっと安心できる場になるんじゃないでしょうか。

自分の中に森を育む

山田　森でのプログラムを通じて、僕がずっと言ってきたのは**「自分の中に森を育むといいですよ」**ということです。その意味では、**実際に森に来なければ森を感じられないのは、じつはちょっと残念なこと**でもあります。いつでも森に行けるのならそれでもいいけれど、今の日本ではなかなか難しい。都会で生活している人が森に行くのはせいぜい年に1回とか、2年に1回程度でしょう。だから、一番いいのは**自分の中に森がある**という状態になることなんです。そうなればわざわざ行く必要はない。**どこにいても自分の中に森がある**

人、それが森のような人だと思う。

山藤　そういうことですね。

山田　森以外の場所で、日常生活でそうなるには、どうしたらいいのか。**一番いいのは、森のような人のそばにいること**です。

山藤　あー。

山田　すごく単純ですけど、森のような人がいたらできるだけ近くで過ごすのがいい。その人の**佇まいや出している気配を感じていれば、自然に自分もそうなります。**先ほどの感想文にあったように、昭和医療技術専門学校の肉食女子でしたっけ（笑）、大丈夫な気配をまとっているクラスメイトの彼女たちと触れ合っているだけで、自分もそうなっていく。これは肉食女子たちの出す**気配や同じ空気を吸って、感化されたん**だと思います。

山藤　**場の空気**みたいなものですね。

山田　ええ。昔から、達人のそばにいれば、なんだかわからないけれど、道を極めることができるという考え方がありますよね。**伝統的な職人の内弟子制度や師弟制度の基本は、ただそばにいるだけで、何も教えない。**ビジネスの世界でも、社長のカバン持ちなんていうやり方がありました。ただカバンを持って、付いて歩いているだけ。最初は何の意味があるのかわからないけれど、しばらくやっていると**「なんとなくわかってきました」**となる。

山藤 ありますね。

山田 だから森のような人のそばにいればいい。ただ問題は、そういう人が多くないということです。そこにいるだけで安心、安全、大丈夫となる人が、現代社会には多くない。

山藤 どうしてでしょうね。

山田 これは僕の主観ですが、**ビジネスの領域ではそういう存在は弾かれてしまう**からだと思います。「何やってるの?」と思われるんですよ。

山藤 あー。それは、わかりますね(笑)。

山田 **森のような人は、醸し出す空気が穏やかで、ゆっくりで、あせっていない。**これは**ビジネスの領域で要求されることの反対に見える**んです。必死でがんばって、スピード感があって、タフさがあるほうが評価されやすいですから。そうした属性が求められるビジネスの仕組みの中で、森のような人は評価されにくい。それどころか「そんなタイプが増えたら困る」とさえ思われてしまう。スピードを求めてきた集団に、ゆっくりしている人がだんだん増えてきたら「そんなので大丈夫かよ」と不安になるんです。

山藤 本当はそういう人が多いほうが、大丈夫になれるのに。

山田 そうですよね。でも、ビジネスの領域ではそうなってしまう。僕は39歳までそういう世界にいたから、その感覚もわかるんです。**常に一歩でも先に行かないとヤバイ、少し**

でもスピードを落としたら振り落とされる、という恐れの中で生きていると、そうなる。これは本当の恐怖です。

山藤　恐怖から逃げるとか、遠ざかることが動機になる感じですね。

山田　そうですね。評価されず、給料も下がって、埋もれてしまうという恐怖。それが嫌で、そのルールの中でがんばっている。**そうした社会で普通にそのビジネスを回していたら、森のような人たちが生まれる余地はあまりない**と思うんです。ちなみに僕は、こうした今の社会の有り様を否定するつもりはありません。ただ「そういう社会ですよね」と言うだけです。悪くもなんともないし、そうなっているんだから嘆いても仕方がない。ここで言いたいのは、そういう社会では、なんらかの努力をしないと森のような人にはなれないんじゃないか、という見立ての部分です。

山藤　なるほど。

山田　で、これが結論だと困りますよね。

山藤　困りますね（笑）。やっぱり森に行くしかない？　森のような人がまわりにいなかったらどうしたらいい？　でも、森に行けない人が、森のようであるための実践方法は何かありますよね。

山田　もちろん。さんちゃんの「感じたことを書き留める」以外にもあります。今日はそれを紹介しようと思って用意してきました。ざっと紹介しますね。

【家でできる】都会の日常で森を育む8つの習慣

① ゆっくり呼吸する
② 足の裏で自分の体重を感じる（木になる）
③ ゆっくり歩く（スロー散歩）
④ 鳥の声に耳を傾ける
⑤ 植物を育てる
⑥ 感じたことを書き留める
⑦ 雨でも傘をささない
⑧ 会話断食（サイレントデー）をする

① ゆっくり呼吸する

もっとも簡単な森を呼び込む習慣。

緊張したり混乱していると人間の呼吸は浅く、速くなる。呼吸をいつもの半分程度のスピードに落とし、深い呼吸を10回程度おこなう。それだけでアドレナリンの分泌が抑えられ、交感神経優位な状態から副交感神経が優位になるので、森にいるときと似た状態（リラックス）に近づくことができる。

毎日の予定と予定とのあいだに5分程度のインターバル（難しければ3分でも可）を入れ、そのときにおこなうようにすると、習慣として続けやすい。

② 足の裏で自分の体重を感じる（木になる）

呼吸法の次に簡単な習慣。

まず立ち上がり、次に「自分の体重が地球に乗っているな」と足の裏で感じる。わかりづらいときは、重心を徐々に下げてみる。軽く足踏みをしたり、①のゆっくり呼吸をすると、さらに大地と自分がピッタリくっついている感覚が増す。所要時間は1分程度。

こうすると、普段はほとんど忘れている自分の存在（体重）と、地面の存在（大地）、そして両者をつなぐ力（重力）を、無意識のうちに感じ取ることができる。

慣れてきたら時間を延ばしたり、靴や靴下を脱いだりして、「自分が木になる」ことをイメージしておこなう。好きな種類の木になったつもりで、足の裏から根が大地に伸び、腕は枝になっていると思って過ごしてみると、大きなリラックス効果が得られる。

山田博が毎日3分実行している、日常に森を呼び込むオススメの方法。

③ ゆっくり歩く（スロー散歩）

いつも歩いているときの速度より、あえて遅く、ゆっくり歩く習慣。

散歩の時間をつくり、このときは通常のテクテク歩行ではなく、できるだけゆっくり、のんびり歩く。すると視界が自然に広がるので、それまで気づかなかった光景や音、変化が目や耳に飛び込んできて、新鮮な心持ちになれる。理想は毎日1時間だが、20分程度でもOK。

実際にやるとわかるが、ゆっくり歩くだけで視界は自動的に広くなり、いろんなものが目に見えるようになる。ただし都会の町並みは情報やノイズが多すぎて、かえって混乱することがあるので、できるだけ自然の多い場所がいい。

④ 鳥の声に耳を傾ける

朝や夕方、または思い出したときに「鳥の声はするかな」と耳を澄ましてみる習慣。

住宅地や都会の喧騒の中でも、意外に鳥はたくましく暮らしている。日常生活の中で見過ごしていたその声に耳を傾ける習慣を持つと、聞こえる頻度はどんどん増えていく。自然とのつながりを思い出しやすくなる。

⑤ 植物を育てる

畑や自宅の庭、ベランダ、室内で植物を育てる習慣。

観葉植物、野菜、ハーブなど、何かの植物を育て、毎日世話をしたり、様子を眺める時間をつくる。植物という生命が日々成長していくさまを感じ、同時に天候や温度、湿度、季節の変化を感じることで、自然とのつながりを感じることが大切。上手に育てる必要はないが、毎日それなりに大切に世話し、観察していると、自分という人間と植物、そして太陽や雨など、自然の生態系とのつながりとのバランスのいい塩梅を感じ取ることもできる。

⑥ 感じたことを書き留める

日常のさまざまな場面で感じたこと、ふと思いついたことを言葉にして書き留める習慣。

内容はそのときに考えていることでも構わないが、「感じた」「なんとなく思った」という普段ならすぐに忘れてしまうようなことをメモしておくと、広い視野を持ちやすくなる。

課題にしないと続けられない人は、毎日の予定の合間に書くようにしたり、①のゆっくり呼吸や②の足の裏で自分の体重を感じる習慣のあとに感じたことを書くなど、スケジューリングに取り入れると続けやすい。山藤賢が長年続けている、オススメの方法。

⑦雨でも傘をささない

小降りだったり、濡れてもとくに困らない状況のときは、傘をささずに済ませる習慣。

どうしても濡れるわけにはいかない場合以外は、「雨」という自然現象をじかに身体で感じられるチャンスとして利用する。慣れてくると、多少の雨は気にならなくなり、雨天の光景を楽しめるようにもなる。

⑧会話断食（サイレントデー）をする

チャレンジしたい人向けのハードルの高い習慣。

終日、誰とも話さない日（サイレントデー）をつくる。友だちや近所の人、家族とも話さず、メールもなし。読書も文字との対話なので本も読まない。映像や音楽もなしで丸1日を過ごす。プチ断食の会話版「会話断食」なので、食事やお茶、散歩といった日常生活はいつも通りすればOK。

最初のうちは心の中で自分と会話をするが、しばらく経つと、周囲の光景が目に入ってくる。1人きりで森に佇んでいるのと同じ状態になってくる。

1日中やるのが難しい人は「午前中だけサイレント」と区切ってもいいが、最低でも6時間程度は確保するのが効果的。

都会の日常で「森を感じる」ということ

山田 結構たくさん紹介しましたが、全部やる必要はありません。これらの中で、やってみたいもの、やりやすいと感じるものを習慣として続けることをオススメします。たとえば**①ゆっくり呼吸する**と**②足の裏で自分の体重を感じる（木になる）**を実行するだけでも、かなり効果がある。実証実験をしたわけではありませんが、1日5回やったグループ、10回、20回やったグループのストレスホルモンの数値を比較検証すれば、明らかに違いが出るはずです。効果を高めるには**できるだけ多く、長く続けるのがいい。**でもなかなか続けられない人が多いので、まずは1日数分でもいいから、リマインダーに登録したりして始めてほしいと思います。

山藤 そのくらいが現実的でしょうね。

山田 プランターで野菜を育てるのもいい。それでも森は感じ取れます。成長するさまを見ていれば、人の世話がどれほど些細で、太陽や天候の力がいかに大きいかが実感できる。初めのころは「手をかければそのぶんだけ伸びるんじゃないか」なんて期待するんですけれど、でも全然そんなことはない。**植物は自然の力で勝手に育っているん**だな、ということもわかってくる。結局は向こうのペースなんだ、と**手放す感覚**を学ぶことができます。距離感と言ってもいい。それは**「大丈夫」**に近づくことなんです。

山藤　経営にも、教育にも、似ていますね。

山田　まさにそうです。経営に置き換えれば、社員を思い通りにコントロールしようだなんて無理ですよね。もちろん、自由に放任するわけでもない。さんちゃんが「規律も大事」と言うように、植物も雑草を刈ったり、間引きをすることが大切で、その「いい加減」さの塩梅がわかってくる。

山藤　僕のしている習慣は、**⑥感じたことを書き留める**ですね。森的な感覚は思考と違って「感じる」ものなので、その瞬間には「そうだな」と強く思うんだけど、**カタチや数字で表せないから、すぐに忘れてしまう。**それでは「大丈夫」という感覚も残せなくなってしまうから、思いついたことはできるだけ文字にするようにしているんです。そうすれば感じたことを残すことができる。

山田　「森のリトリート」に来ると、いつも長文のレポートをもらいますね。最初は驚いたけど、もう慣れました（笑）。

山藤　ははは。さっき紹介したレポートは、学生にもこの習慣をつけてほしいと取り入れているものです。誤字や脱字は気にせず、導入部と結論が違っていてもいいから、とにかく「感じたこと」を思うままにびっしり書いてもらう。1枚以上書くのは必須で、最初はみんな苦戦しますけど、何をどう書いてもいいことがわかると、いろいろな言葉が出てくるようになります。この学生たちの生の声を読むのも、僕にとっては森を呼び込むための習慣になっているのかもしれません。

山田 それは素晴らしいですね。学生たちが社会に出てからも感じたことを書き留め続けてくれるといいですよね。そういう習慣のない社会人がいきなり始めるのは少々ハードルが高いでしょうから。

山藤 たしかに。でも⑧**会話断食（サイレントデー）をする**ほどチャレンジングではないでしょう（笑）。

山田 これはなかなかハードルが高いです。でもやってみたら、誰でも効果を実感すると思います。話す相手がいないから、まず最初は、**自分との会話が始まる**んです。仕事のこと、家庭のこと、過去にあったことなどが思い浮かんでくるので、頭の中でガチャガチャと考える。でも、**自分と会話し続けているうちは、まだあまり効果はない**んです。「自分と会話しているな」と気づいたら、自分との会話もやめてください。誰もいないし、自分とも話せない。そうなると、どうなるか。やったことのない人はわからないかもしれません。

山藤 **自分でないものと向き合う**しかなくなる。

山田 そう。まわりの様子、自然のさまが見えてくる。じつはこれ、森のリトリートに参加する方々が自然にやっていることと同じなんです。

山藤　そうですよね。

山田　それぞれ1人で数時間は森の中で過ごしてもらいます。初日はたいてい、自分のことを考えたり、自分と会話をしている。でもそれに飽きてくると、まわりを見始める。2日目になるとみんなそうなります。この状態を、僕は**「森を感じ始める」**と表現しています。会話断食は、これを日常生活でやるというわけです。

山藤　なるほど。

森に入れば、誰でもすぐわかる

山田　**森に入れば、こんな手順や説明は必要ない**んですけれどね。しばらくそこにいるだけで、誰もが自然にこうなります。勝手にそうなってしまう。でも都会では、こんなふうに言葉で伝えて、意識的にやってみないとやりにくいんです。

山藤　わかるなあ。不思議ですよね。

山田　僕は、都会で暮らしているときの人間は、みんな**自分を閉じている**んだと思うんです。不安や恐れ、心配から身を守ろうと、自分の世界にこもっている。全部を自分の内側で解決しようとしていると言ってもいい。「そこはかとない不安」をなんとかしようと、自分だけで一生懸命考えてやっている。この状態ではいくらがんばっても、安心や安全、大丈夫を感じることは絶対にできません。

山藤　そうですよね。

山田　なぜそうなってしまうのかというと、他者とのつながりを感じられないからだと思うんです。**つながりがないから、安心安全大丈夫じゃない。**さっきの高校時代は学校に行けなかった子が、どうしてさんちゃんの学校には来られるようになったかというと、つながっていると実感できるからですよ。あそこに行けば安心できる。つながっていられる。そう感じるから当たり前に「行こう」となる。**不登校にせよ、うつにせよ「自分を守るためにしている」という意味では、まともな反応**だと思うんです。だから「もう安全だ」と感じられれば出てこられる。多くの生物がそうしているのと変わらない**当然のこと**だと僕には思えます。

山藤　はい。

山田　会話断食は、自分との会話をやめて、意識を外に開くための方法です。「そういえば外にも世界があったな」と、心で感じられる。頭でわかるのではなくて、心で感じることが大切で、それが森にいる状態なんです。ちょっとハードルは高いけど、どこでもやれるし、効果があります。

山藤　先日、『地球交響曲（ガイアシンフォニー）第9番』という映画を観ていたら、ノーベル生理学・医学賞を受賞した本庶佑先生と京都・法然院の梶田真章貫主との対話で、**「ロビンソンクルーソーは悩まない」**という話をしていたのを思い出しました。無人島に漂着したら、生き延びることと自分のことだけだから悩まない。**1人でいると、自分自身と向き合ったあと、まわりの環境とつながるしかなくなる。**そうでないと生きていけないからなんですけど、そこには他人との比較や評価はないから、悩みはないんじゃないという話でした。人は他人と自分を比べるから悩むんだと。

山田　その通りだと思います。私もその映画を観ましたよ。**森は、こうしたことが、何の説明もセッティングも必要なく、いっぺんにできるんです。いわば、ワンストップサービス**（笑）。

山藤　便利（笑）。

山田　しかも、森は何も要求しません。森のリトリートはこれを2泊3日ずっとやっているわけです。そこを改めて分解して、日常でできる習慣として考えてみたら、こうなったというものを紹介してみました。

ありのままという美しさ

部下に信頼されるにはどうしたらいいのか

山藤　先日の対談のあと、うちの職員2人を連れて一度、森に行きましたね。その夜に彼らと博さんが**「部下や仲間から信頼されるにはどうしたらいいか」**というテーマで盛り上がっていたのを、なんとなく聞いていたんですよ。その後、うちのマネジャー会議でもこの話題になったので、改めて考えてみたんです。元ラグビー日本代表ヘッドコーチのエディ・ジョーンズは**「リーダーはみんなに好かれる必要はないけれど、尊敬はされるべきである」**という内容のことを言っていて「その通りだな」とは思うものの、じゃあ**尊敬って何だろうっ**てなりますよね。つらつら考えて、結局、**その人らしくあることが一番大事**だなと思ったんです。

山田　うん。

山藤　部下に信頼されるために「こうしよう」と行動を変えたら、その瞬間から作為が入る。部下に信頼されようと、いつもと違う振る舞いをし始める上司がいたら「おかしい」

と思うのが普通ですよね。それで「この人は信頼できる」とはならない。そんなことしないで、なるべく**自分らしくいたほうが、相手にずっと信じてもらえる**と僕は思うんです。つまり**「どうしたら信頼されるようになるんだろう」なんて考えている時点で、もうその人らしくない。**ありのままが大事。でも、ただウソをなくせばそれでいいわけではなくて、本当に尊敬されるには、ありのままが素晴らしくなくちゃいけない。その**ウソがなく、ありのままが素晴らしい人の答えの1つが、博さんのイメージしている究極の森のような人なのかもしれない**なと思ったんです。

山田　それは**この本の核心部分**かもしれませんね。信頼は、やっぱりありのままの状態から生まれますよ。**「信頼されよう」と意識的にするものじゃない**ですよね。**ありのままだから、信頼が生まれる。**この順番が逆になっていることが多いと思います。

山藤　そう、そうなんですよね。

山田　信頼されるためにどうしたらいいかという方向で、外見やノウハウ、テクニックを知ろうとしている。でも、そうじゃなくて、ありのままだからこそ、信頼や尊敬が生まれるんです。逆になってしまうのは、先ほども話したように、**ありのままではいられない社会になっているから**だと思います。「使えないヤツだ」と思われてしまうから、信頼されるためにがんばろうとしてしまう。でも、じつは逆なんです。

山藤　ええ。

美しさの本質と経営

山田　さらに言えば、**美しさの本質はありのまま**だと僕は思っているんです。僕たちがどんなときに「美しい」と感じ、その言葉を口にするのかといったら、ありのままの姿を見たときなんです。だから森を見て「美しい」という言葉が出てくる。**ありのままであるという純粋さは、美しさの本質、源泉**だと思います。

山藤　それはいいですね。なるほど。

山田　だから、ザ・ブルーハーツなんです（笑）。ドブネズミを美しいという『リンダ リンダ』の歌詞は本質を表していますよね。世の中から排除されている存在だけど、あのありのままさが美しいんだよっていう。そこのあたりが本質だと思っているんです。**なかなかそこに目が行かない社会だけど、感性を磨けば、美しさは感じ取れる。**だから、美しさというものはものすごく大切なんです。

山藤　これからの経営には美やアートを見るセンスが必要だという意見がありますよね。いろいろな本を読んで、僕も考えているんです。アート型経営の対極にある1つがアスリートの世界のような勝ち負けの経営だと思うんですが、なでしこジャパンのチームドクターとして、**世界一になるまでのチームビルディングを間近で見てきた経験から言えるのは、あの過程はまさにアートそのものだった**ということなんです。そしてその監督であった佐々木則夫氏、キャプテンを務めた澤穂希選手、どちらもプライベートも含めて今も親しくさせていただいていますが、2人とも本当にありのままの人でした。佐々木監督のことを僕は出会ったときから「ノリさん」と親しみを込めて呼ばせていただいていますが、ノリさんのマネジメントには、本当に衝撃を受けました。**「許し」のマネジメント**なんです。**できないことを否定するのではなく、できることを伸ばす**というマネジメントで、それは普段からのノリさんそのままのありのままの姿であって、今振り返ってみるとやはりその佇まいの「美しさ」を感じます。僕の経営の基盤にはこのノリさんから受けた影響が多分にあります。また、現在、男子サッカーの日本代表監督を務める森保一さんとも深いお付き合いをさせていただいていますが、佐々木監督とタイプは違えども、本当にありのままの素晴らしい人で、僕は大変尊敬しています

山田　私もお会いさせていただきましたが、本当にありのままの人ですよね。それでいて結果も出している。さんちゃんは、サッカーや勝負の世界からも、その美しさを感じ取ったんですね。

山藤　そうなんです。それで改めて考えてみると、サッカーだけじゃなくて、同級生のご縁で関わり始めた歌舞伎（＊2）も、仕事のマネジメントも、教育の現場も、そして森にも、僕の関わっているすべてにアートの要素がある。つまりは、**美しさを感じる審美眼のようなものがあれば、どこにでもアートはある**と気づいたんです。これが**美を感じ取る感性**みたいなものだとしたら、それを鍛える方法として、音楽鑑賞、美術鑑賞だけじゃなく、森に行くことも加えられるんじゃないでしょうか。

山田　うん、うん。まったく同感です。

山藤　そうですよね。だから、これから**仕事の価値を考えるときの基準は「正しさ」「美しさ」「楽しさ」の3つにしていきたい**と考えています。それは正しいのか、それは美しいのか、それは楽しいのかの3つで価値を判断して、選択をしたい。**本当に森のような人がいるのなら、人生のあらゆる場面でそういう選択をするんじゃないか**と思うんです。

山田　それはすごい。いいですね。

山藤　いくらアートが大事といっても、直感や感性だけで結果が伴わない話はこの社会では通用しない。でも同時に、ロジックだけ、結果だけでも足りなくなっている。その両方

＊2　山藤賢は歌舞伎役者10代目松本幸四郎の後援会会長を務める。

がある状態がいいですよね。**ロジックに基づいた話と結果の数字でみんなを納得させたうえで、直感で決める。感性、美しいもので選ぶのがいいんじゃないかと思います。**

山田　「正しさ」「美しさ」「楽しさ」という話を聞いていて思ったんですが、そこには「感じること」と「考えること」が絶妙なバランスで共存していますよね。これからの経営でも、この両面をまるでシーソーに乗るように**不安定で揺れながらも含んでいくことが重要**なのだと思います。

「つながっていない」という錯覚

山藤　それで思い出したんですが、先日、ウチのスタッフと研修に行った森で1人きりになったときに、ふと**「この世の中は1人でいるには心細いよね」**というフレーズが口からこぼれたんです。

山田　ほお。

山藤　一字一句この通りにつぶやいたので、メモしたんです。僕は心細いから、つながりたいのかなと思って。

山田　そこはちょっと違うかな。僕は違う考え方なんです。心細いからつながりたいので

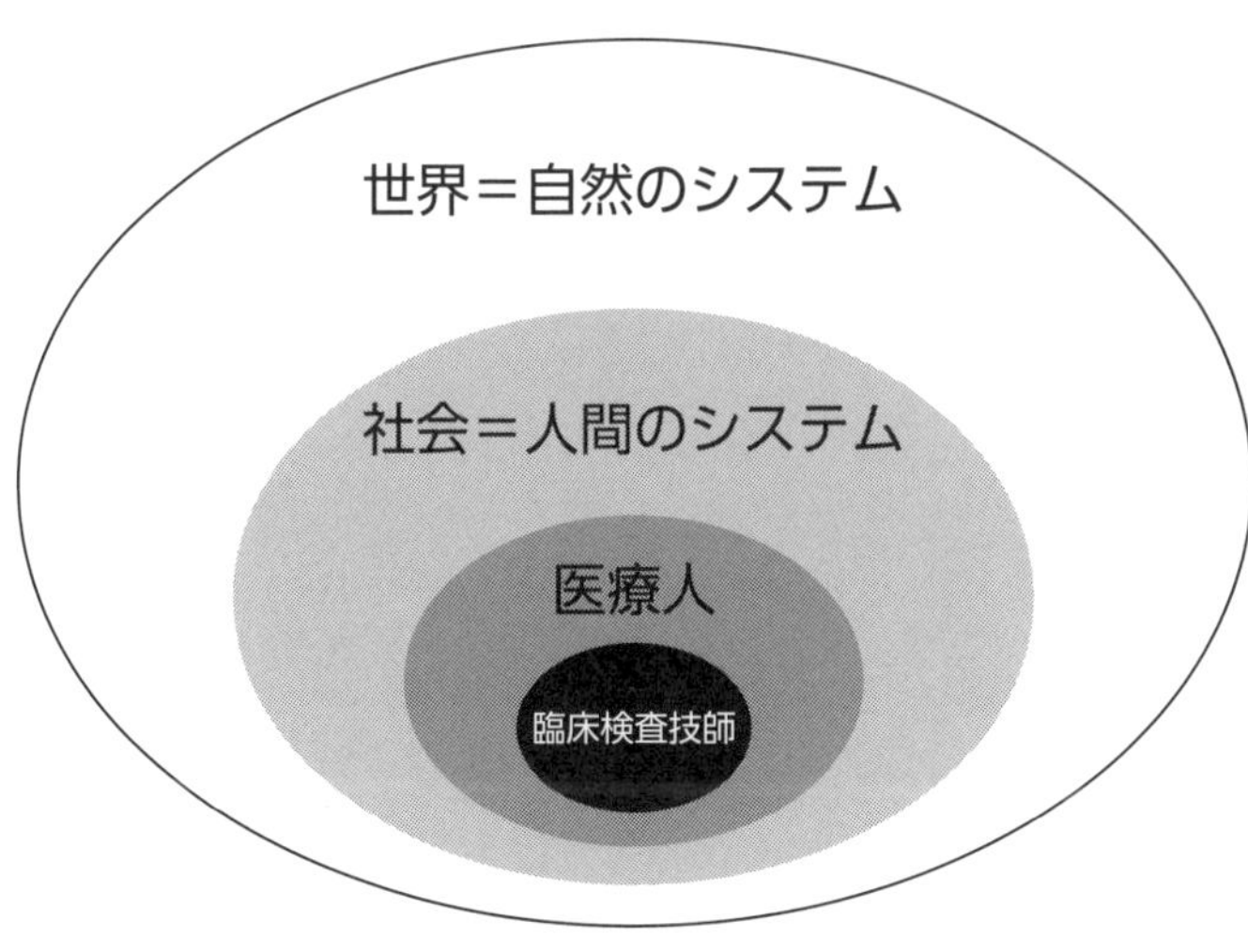

はなくて、**もともとつながっているのに、そのことを忘れてしまっているから、心細い。**

山藤　僕がつぶやいた言葉の解釈ですよね。忘れているからということですよね。なるほど、それならなんとなくわかります。

山田　これは僕の持論で、**分断の世界に我々は生きている**ということなんです。さんちゃんが講演でよく紹介している図（注／11ページの図と同じ）がありますよね。

山藤　上の図ですね。

山田　自分がいて、もう少し広い世界があって、社会や国や地球があって、世界や生態系、宇宙がある。それぞれ円で囲まれていますが、本当は全部1つです。あたかも円で分かれているかのように描いているけど、この**境界線は幻想**なんです。**境界なんてどこにもないん**

です。

山藤　なるほど。うん、うん。

山田　ここに境界線があるという幻想が、僕たちと世界を分断してしまっている。**「つながっていない」という錯覚**を生んでいる。ただ、これはもうそういう社会なのだから、仕方がない。だから**「分断の世界に我々は生きている」**ということを、ひとまず自覚しましょう、と僕は言っているんです。

山藤　はい。

山田　**分断された世界では、分断のループがどんどん増幅します。**なぜなら、分断していると、心細くなるから。つまり心の痛みが生じ、それが恐れや不安を生んで、「こっちに来ないでくれ」と自分のほうから境界をさらに厚くしてしまう。移民を恐れて巨大な壁を立てる、というようなことをやってしまうんです。

山藤　そうですね。

山田　境界線がにじんで、消えていけばいいんですけど、消えないんです。普通にやっていたら消えません。で、どうしたらいいかというと、3つのことをやりましょうと言っているんです。最近始めた私塾「連（れん）」で使っている図を出してみますね（次ページの図参照）。

山田　まず1つが**「ありのままの自分」**を磨きましょう。これは先ほど話した美しさに関

磨く領域

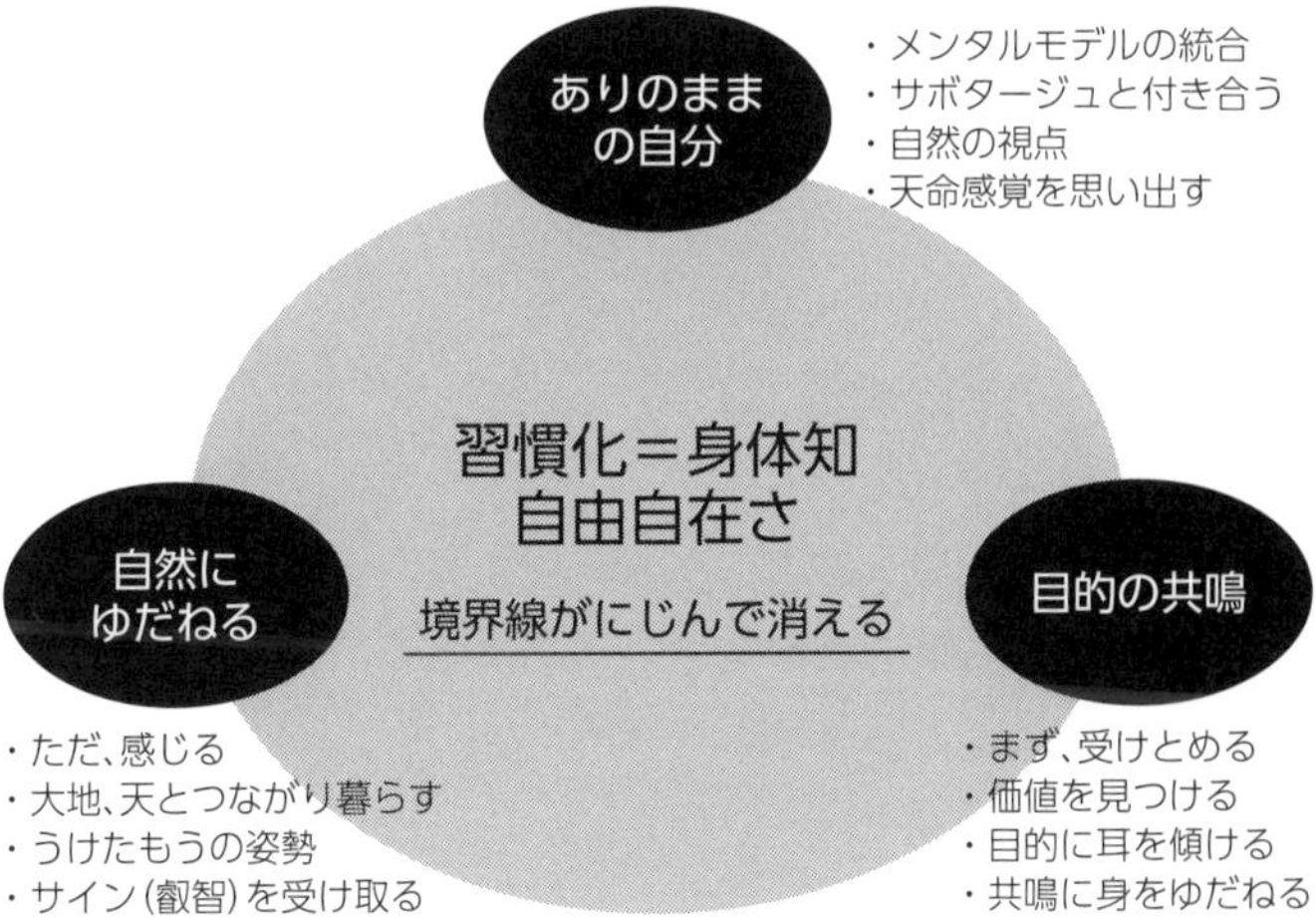

ありのままの自分
・メンタルモデルの統合
・サボタージュと付き合う
・自然の視点
・天命感覚を思い出す

習慣化＝身体知
自由自在さ
境界線がにじんで消える

自然にゆだねる
・ただ、感じる
・大地、天とつながり暮らす
・うけたもうの姿勢
・サイン（叡智）を受け取る

目的の共鳴
・まず、受けとめる
・価値を見つける
・目的に耳を傾ける
・共鳴に身をゆだねる

わる部分ですね。ありのままの自分であることを、自分に許すことも欠かせません。それからもう1つが**「自然にゆだねましょう」**です。自分を超えたものに身をゆだねる。この本の対話で、ずっと話していることですよね。

山藤　そうですね。

山田　そしてもう1つが、1人では何もできないから**「目的を共鳴させましょう」**。さんちゃんの表現で言えば、これが規律の話です。

山藤　なるほど。

山田　今の社会では、1人でありのままになって自然に触れながら、ロビンソン・クルーソーのように生きることはできません。何かをするときは必ず誰かと組まざるを得ない。その場合、ただありのままでいて「オレは大丈夫」と言っているだけではどうにもなりません。やっぱり目的を共鳴させなくてはいけない。**規律やルールの基になっている価値をお互いに交換して「一緒にどのようにやっていこうか」という話をする必要がある。**そこでこの3つを磨きこもうという、ちょっとわかりづらい塾をやっているんです（笑）。頭で考えているとなかなかできない領域なので、身体を使うことが大切になります。

山藤　この図、いいですねえ。

山田　とにかく強調したいのは、**分断は錯覚です**よ、ということです。**もともとつながっている。ずっとつながっている。**境界線なんて存在しない。それを分断されているかのように感じているから、つらくなる。そのことをさんちゃんは森の中で感じ取って、「心細い」という言葉で発した。きっと洞察したんだと思います。**その心細さの奥にはつながりがある、**ということが森の中では感じられるんです。

ありのままからスタートしよう

山田　ここまで**「森のような経営」**という不思議なキーワードを手がかりに話してきまし

たね。ピンと来ない人もいるでしょうけれども、僕の実感として、**今の経営者なら結構わかるんじゃないか**と思うんです。森のリトリートや私塾に参加している方々と話していても、日々の仕事の中で、**美しさへの感性や自然との関わりを「必要だな」と実感している。**そういう勉強会に行ったりもしている。

山藤 そうですね。勉強会に行くし、本も熱心に読んでいる。それで「理論はわかった」「その通りだと思う」と言うんです。でも、それに続けて「でも、できないんだよね」と、みんな言うんですよ。

山田 **ありのままですか？** という話なんです。勉強しているあなたはありのままですか？と僕は聞きます。

山藤 そこに戻ってしまいますね。

山田 日本の企業でよくあるのは、たとえば、さんちゃんも愛読している『社会的共通資本』（「はじめに」参照）を読んで「うちは2つについてはできている。でももう1つの視点がない」とリーダーが号令をかけて「そこを取り入れるためにどうするべきか」とHOWに入る流れです。HOWをつくるのは上手いから、すぐにそうしてしまう。だけど、そのアプローチでは、ありのままにはなりません。

山藤 でしょうね。

山田　論理的に考えれば明らかです。**「ここを目指そう」と部下をコントロールして、ありのままになるはずがない。**その時点でもう、ありのままにならないように仕向けているようなものです。これをずっと繰り返している組織はまだまだ多い。だから、やっぱり結論としては、**ありのままからスタートする**ということだと思います。自分が、ありのままであるかを確認することから始めるのがいい。そこに近づくための**道標として、僕は「森のような人」と言っている**のです。

山藤　うん。

山田　**ありのままになるのを怖がってしまう元凶である「分断」は錯覚に過ぎません。**ずっとつながっているし、ありのままになっても、浮いたり、切れることはありません。むしろ、誰もが完全に「つながっている」と確信することができたら、そのコミュニティにいる人は全員ありのままになるでしょうね。何の恐れもなく振る舞える。現実社会で、その究極の存在はたぶん**赤ちゃん**ですね。

山藤　ああ。

山田　自分のいる**世界が分断しているだなんて、赤ちゃんは夢にも思っていません。**自分もまわりも完全にそのままに受け入れている。だから安心しきって眠るし、そばにいる大人にも安心をもたらしてくれる。平気でウンチだってしちゃうんですよ（笑）。

山藤　あはは。

山田　完全にありのままですよね。安心しかない。もしそんな佇まいのリーダーがいたら、そばにいる人もみんな安心できるでしょう。それぞれの才能をのびのびと発揮して、自分らしくやっているだけというチームになるんじゃないでしょうか。もちろん、そこに至る道のりは長いでしょうけど。

山藤　えーと。少々哲学的な疑問なので、カットしたほうがいいかもしれませんが……。

山田　カットしなくていいですよ。どんな問いですか？

山藤　僕たち人類は、本当にそれを求めているんですかね？

山田　おお！　来ましたね。それはもう別の本で改めて話したいテーマですね（笑）。

山藤　そうですよね（笑）。たしかに、みんなが赤ちゃんのようだったら幸せかもしれないと思います。けれど、それなら、こんな社会やシステムはもう存在しなくてもいい気がするんです。

山田　そうですね。

山藤　そこに行くのかどうかは、人間が何のためにここにいるのか次第だなあ、と。

山田　たしかに、それは**哲学の領域**ですね。

山藤　**生きづらい世の中を生きやすくするために森のような人を目指す。**これはすごくいいと思うんです。この本の目的もきっとそこにあると思う。でも、究極的に全員がそこに至るのかと考えると、わからないですよね。

山田　僕の中にも、その問いは常にあります。なぜ人間が存在しているのか。人間とは何で、どこに向かっているのかという問いですよね。僕もわかりません、おそらくまだ誰も答えは出していないでしょうね。

山藤　考え続けていきたいですね（遠くから犬の鳴き声が聞こえる）。

山田　（犬の鳴き声に耳を傾けながら）そうですね。

若者のありのままの邪魔をしない

山藤　結論っぽい話が出たあとなので、蛇足になるかもしれません。でも最後にもう1つだけシェアしたい話があるんです。教育についてです。

山田　いいですね。

山藤　今年の3月、学校に僕宛ての手紙が届いたんです。きれいな直筆で、2013年に出した僕の著書『社会人になるということ』（幻冬舎）の感想が書いてありました。感動したところがあったから書いたというんです。8年も前の本をどこで入手したんだろうと思ったんですけど、就活中に社会人とはどのようなことを求められているのだろうと考え、そのような書籍を探し、めぐりあったそうです。そこには、今年春から就職が決まったと記してありました。男性なのか女性なのかも、どのような方なのかも手紙からはわからなかったのですが、住所があったので、お礼の返事を書いて出したんです。アドレスを記しておいたらメールをくれて、名古屋の大学を卒業して、今年の春から東京の会社に就職することになった女性だということがわかりました。

山田　はい。

山藤　それで、その子が先日、うちの学校を見学に来てくれたんです。落ち着いた佇まいで、初対面の職員や学生たちとも屈託なく話をしている。まだ22歳の若者なのに、佇まいや振る舞いが素晴らしくて、素敵なんですよ。あまりにも完璧な若者に見えたので「どうやったらそんな子に育つの？」と聞いちゃいました(笑)。

山田　うん。

山藤　「わかりません」と言いつつ、話してくれたのは「自分には拠り所にしている言葉が3つある」ということでした。「**愛と信頼と感謝。**それだけです」と笑っているんです。「こんな22歳が世の中にはいるのか！」と本当にびっくりしたんですよ。

山田　ははは。

山藤　22歳なんて、僕は学生で深夜に酔っ払って友人と騒いで警察に追いかけられていた年齢ですよ（笑）。でも**今は、こんな素晴らしい若者がいるんだ**と驚いた。むしろ僕に気づきを教えてくれる師匠のような人だと思って、学校を案内したり、職員を交えたりしながら、3時間くらい喋ったんです。そうしたら彼女に質問されたんです。「私は挫折をした経験がたぶん一度もない。これまでの人生でつらい思いをしてこなかった。だから、これから挫折したとき、どうしたらいいですか？」という内容でした。

山田　うん。

山藤　最初に浮かんだのは、挫折をせずに生きていけるのは素敵なことだということでした。だから、そんな未来の心配はせず、**そのままでいいんじゃないか**と思ったんです。ただ、彼女が読んでくれた僕の本で**「試練はそれを乗り越えることができる人のもとにやってくる」**という言葉を紹介していたんですよ。

山田　ああ、なるほど。

山藤　それで僕は、目の前に現れた困難を「挫折」と捉えず「試練」だと思って乗り越えるといい、と話したんです。そういう意味で、大きく育つ人には、そこに至るためにより大きな試練がやってくると言われている、と。でも、そんなふうに偉そうに喋ってしまったことが、なんとなく引っかかったんです。それで、ある経営者の集まりでこの話をシェアしてみました。参加している人の多くは経営者や医師などですが、まず、みなさん口を揃えて「最近の若者はそういう感じだね」みたいな反応をする。ミレニアル世代、Z世代と呼ばれる世代は、基本的に満たされた環境で育ってきている。自分の部屋にクーラー、テレビがあるのは当たり前で、インターネットもスマホも当然あるという世界で生きてきた。だから、**多くの若者が挫折を乗り越えたり、困難を乗り越えるという体験をしていない。「それは怖いよね」という話に終始した**んです。僕は専門学校でいつも新入生と関わっていく中で、その素晴らしさを感じていますので、「若者」とひとくくりにするその反応にも違和感があって……。

山田　うん。

山藤　そうしたら、また別の集まりで、知り合いの仏教説法家が「**そもそもどうして挫折しなくちゃいけないんですか？**　挫折をしなきゃいけない理由はなんでしょうね」と言ったんです。

山田　そうですよね。

山藤　僕もそう思っていたんです。どうして、苦労したり、挫折をしたり、遠回りして乗り越えなければ人は幸せになれない、なんていう概念があるんだろうって。

山田　うん。

山藤　それでわかったんですよ。**邪魔なのは大人だなって**（笑）。

山田　あはは。

山藤　その場では「私たちは昭和世代だからね」なんて笑って終わったんですけれど、**これから社会に出てくる子どもたちは必ずしも挫折する必要なんてないんじゃないか**と思ったんです。彼らの中には、そのまま幸せになれる方法も術も持っている子たちがたしかにいる。それになのに、**僕たち大人が「そうじゃない。挫折しなくちゃいけない」と言い続けていたら、いつまで経っても世の中は変わらない**ですよ。

山田　そうですよね。

山藤　今は本当に**過渡期**なんだろうなと思ったんです。若者たちは明らかに変わってきている。でも社会が成熟していないから、そこに馴染んでしまった人たちは変化が許容できず、まだ昔の概念が通用するつもりでいる。でももう過渡期なのだから、**せめて彼らの邪魔だけはしないでおこうよ**と言いたい。だって、別の経営者の集まりでこの話をもう一度したら、やっぱり「素晴らしい若者がいることは知っている。山藤の言うこともわかる。だけど、**やっぱり納得がいかない。だって自分は苦労してきたし、そのおかげで今があるんだから**」と全員が口を揃えて言うんですよ。

山田　それでも言うんですか（笑）。

山藤　言うんですよ。

山田　自分の経験が大切だから、どうしても言いたくなるんですよね。

山藤　「過渡期じゃないか」と僕が言っても「そうかもしれない。でも納得できない」となる。たぶん、そんなふうに簡単に幸せになられたら困ると思っているんでしょうね。僕は **「ああ、手放せないんだな」** と思ったんです。

山田　手放せない。

山藤　はい。この人たちは手放せないんだな、と思いました。言い方は悪いけど、**大人は変えられないのかもしれません。** だから、この本を読んでくださっている大人の読者の方々に僕が最後に言いたいのは、**森のような人を一緒に目指していきましょう**ということと、**もし若者のありのままの姿を美しいと思うなら、せめて邪魔はしないようにしていきましょう、**ということです。

山田　そうですよね。彼らのすべてを受け入れられなくてもいい。でも邪魔はしないでいきたいですよ。せめて。

山藤　**「本物だな」と感じる若者**は、もう世の中に出てきています。手紙をくれた子だけでなく、現実にたくさん社会に出てきている。その人たちを「あなたはまだ挫折もしていない、試練を乗り越えていないから、そんなふうでいられるだけだ。まだ一人前とは言えない」なんて否定しないでいきたい。

山田　その論調はまだ強いですね。若い世代の話になると、大人の大半がそうなってしまう。**自分のやってきたことを否定されるのが怖い**んでしょう。だから目の前の若者を否定することで「オレはこうやって今のポジションをつかんだんだ。それを認めてくれ」と言ってしまうんだと思います。

山藤　そういうことなんでしょうね。

山田　僕には「オレの人生を認めてくれ！」と叫んでいるようにも見えます。その**心の底には痛みがある。**痛みが続くから、認めてもらいたくて、心の中では泣き叫んでいる。その根底にあるのも分断です。つながりがないと思っているか、認めてもらわないと生きていけないと思っている。でも、**赤ちゃんが泣くのは、そんな理由じゃない。**

山藤　うん。

山田　まあ、でも、そういう、大人が認められない痛みもわかるんです。だから、せめて邪魔しないでいきたいですね。そして、**若者たちが本当にそのままで、ありのままで生きていく先につくられる社会が、次の社会**なんですよね。

山藤　そう！　そういう話です。

山田　それは、必ずつくられるんですよ。必然なんです。森の木々が育ったり、地球が大きな流れの中では氷河期に向かっているのと一緒で、止められない。そういう意味で、僕は楽観視しています。**大人が少々邪魔したって、大きな流れは絶対止められない。**そのうえで、**「邪魔しないでいこう」**というメッセージはいいですね。せっかく今から新芽が出ようとしているのに、そこを切るなよというのと同じじゃないですか。

山藤　ははは、たしかに。

山田　そういう話なんですよ。ちょっと切ったくらいなら、放っておいてもどこかからまた芽は出てくる。だから長い時間で見れば一緒なのだけど、でもせっかく出ているんだから大切にしたいじゃないですか。

山藤　うんうん。

山田　植物を育てるのと一緒で「ここは切っちゃいけないな」と気づく大人が1人でも多くなるといいですね。なんだか、いい終わり方になりましたね。長い時間、ありがとうございました。

山藤　はい、ありがとうございました。そのような若者にも、そして大人にも、森もこの本も「大丈夫だよ」と言っていることを伝えてあげたいですね。では続きはまた森で（猫の鳴き声が聞こえる）。

Chapter 4のリマインダー

- 大切なのは森の中にいるような感覚を日常的に持つこと（自分の中に森を育むこと）。
- それができるのなら、必ずしも森に行く必要はない。
- 経営者やリーダー、教育者が「森のような人」であれば、そこは森のように安心できる場になる。そういう人が増えれば社会は変わる。
- 「森のような人」になる一番の近道は、森のような人のそばにいること。
- 「都会の日常で森を育む８つの習慣」のうち、できること、やりたいことをコツコツ続ければ、自分の内側に森を育んでいくことができる。
- 「会話断食」で自分との会話をやめると、「森を感じ始める」のと同じ瞬間が訪れる。
- 究極の「森のような人」とは、ウソがなく、ありのままが素晴らしい人。
- 「信頼されよう」と意識するのは逆。ありのままだから、信頼が生まれる。
- 美しさの本質はありのまま。ありのままであるという純粋さが、美しさの本質、源泉。感性を磨けば、美しさは感じ取れる。
- 仕事の価値を考えるときの基準を「正しさ」「美しさ」「楽しさ」の３つにしてみる。
- 心細いからつながりたいのではなく、もともとつながっているのにそのことを忘れてしまっている（境界線という幻想からくる分断）から、心細い。
- 分断は錯覚と自覚して、ありのままの自分を磨く、自然にゆだねる、目的を共鳴させる。
- ありのままからスタートする。「森のような人」はその１つの道標。
- 若者のありのままの姿を美しいと思うなら、せめて邪魔はしない。

対談を終えて

山藤　賢

私どもの対談を最後までお読みくださってありがとうございます。私と面識のある方々はおわかりと思いますが、私は決して森のような人間でもありませんし（笑）、自然派でも、スピリチュアルに生きる人間でもありません。都心に住み、都心を中心に、仕事にプライベートにいそしみ、毎日のようにコンビニで買い物をし、車に乗り、スマホをいじっています（そしてたまに1人でふらっと旅に出かけたりもしています）。

このたび、博さんから、ぜひこの経営スタイルをモデルに、「森のような経営」の話をしたいと言われたときに、まず思ったのは、経営スタイルというのは、すなわちそのまま私の生きるスタイルのことだなぁということで、だからこそ、そんな話をして大丈夫なのか！と心配いたしました。

しかし、「森のリトリート」などというこれまで世の中に存在すらしていなかったものを創造した山田博という、日本のあり方さえも変えていくのではないかと私が常々思っている本当に稀有な存在に導かれ、対談は、いつも2人で話しているような話題で盛り上がり、楽しい時間となりました。

上がってきたその対談の原稿を見ながら、では、そのような楽しい時間を世の中の人々に書籍として読んでもらっても大丈夫なのか？　というのが次の心配でした……（笑）。

というように、心配続きと楽しい工程によってでき上がったこの本ですが、他人事のように読んでみると、改めて、おもしろいことを話しているなぁとは思います。文中にもありますように、そのとき自分が話していることもよく覚えていなくて、こんなことを言っていたのかぁと思う部分もしばしばでした。しかし、もしかしたら今すぐではなくとも、少し先の世の中でこの対談を読んでみると、読み直すたびに気づく、普遍的なことを言っている、奥の深さのある、でも読みやすい対談となったのではないかと個人的な感想として思っています。

さて、対談を通して、「ありのまま」という言葉がテーマとして流れていました。読み返してみて、では、今の私のありのままはどうだろうと考えます。

私は、最近、学生に、今の社会を幸せに生きる方法として、「やるべきことをちゃんとやる」ということと「自分らしい自分である」ということの2つを伝えています。「自分らしい自分である」というのは「ありのまま」に通ずるところと思いますが、社会に受け入れられる素地や実力がないままこれを押し通すと、世間的にはただのわがまま、自分勝手ということになってしまいます。自分で狩りをして生きていたような古代ならそれでもいいかもしれませんが、現在の社会においては、周囲から認められず、かえって自分が苦しくなってしまう可能性があります。これは、現代社会では周囲から認められる力が必要になるということです。そのためには、周囲から評価されるように、たとえばあいさつ、礼儀、教養などのような、生きていくための力は必要なのではないか、そのためには勉強（学び）も必要で、生まれてきてからひたすらありのままでは、幸せには生きていけないと考えています。

一方で、そればかりを重視すると、今度は周囲の評価によって生きることになり、自分らしさは生まれず、また違った苦しい生き方になる可能性があります。そう考えると、周囲の評価ももらいつつ、生き方が自分らしくあるという、その2つが両輪として回っていけば、幸せな感覚で生きていけるのではないか、自分自身を肯定しながら生きていけるのではないか、そのように思います。

では、私自身はというと……ありのままに生きたいと思っています。そしてありのままに生きることは素晴らしいけれど、それが人を傷つけない生き方であることが大切だと思っています。そのありのままであることと、まわりからも認められ必要とされることが一致すれば、現代社会における居心地の良さにつながると思っていますし、そのために私は今も常に学びを忘れず、人に教えを請い、読書をし、旅に出かけ、いつもこの世界に溢れている未知に触れたいと思っています。

そこで湧いてくるキーワードは、まさに学生や職員にいつも伝えていることなのですが、「正しく生きる」ということです。これは、自分が正しいと思うことではありません、それが「誰にとっても正しいか」というのがポイントです。自分のありのままの生き方が、誰にとっても正しければ、その存在は誰も傷つけず、むしろ存在そのものが必要とされるような人になることができます。

有名な孔子の『論語』にこのような言葉がありますよね。

子曰く、吾十有五にして学に志す。
三十にして立つ。
四十にして惑わず。
五十にして天命を知る。
六十にして耳順（したが）う。

そして

七十にして心の欲する所に従えども矩(のり)を踰(こ)えず。

とあります。

この七十にしてが、自分の心の求めるままに行動しても、道徳の規範から外れることがないという境地であります。

学生に伝えている「やるべきことをちゃんとやる」と「自分らしい自分である」の両輪の行きつく先はこのようなことではないかと思っています。

私の思う、ありのままでとは、そのままでいて、まわりには人が集まり、誰も傷つけず、おだやかで、ただそこにあること、いること、であり、そのような状態に私はなりたい。そのような経営者に、私はなりたいと日々精進している状態であります。

もちろん、まだまだその道のりは遠いですが、そのために、森に入る、このような話をするということも、その道のりの一環であると思い、楽しんでいます。

これからも一瞬一瞬を大事に、縁を大事に、何事も一生懸命に、謙虚にそして堂々と胸を張って生きていける人生を肯定的に歩んでまいりたいと思います。そのうち、その経過をまた博さんと対談したいですね。

最後になりますが、今回、自分の話が多く、とてもこそばゆい感じがしますが、私の底に眠っている無意識の部分まで触れて対話をしてくださった山田博さん、そしてそのような内容を世に出すことを望んでくださった、出版社ワニ・プラスさん、編集の宮﨑洋一さん、ライターの古田靖さん、いつも私の人生に深みを与えてくれて、喜びをわかち合ってくれている法人スタッフをはじめ、私の周囲の方々、気づきをもらうということでは私の師匠でもある、娘、息子たち、すべての方々に深く感謝します。ありがとうございます。

そして、この物語に最後までお付き合いくださった読者の方々、本当にありがとうございました。

2021年　年頭所感

理事長　山藤　賢

あけましておめでとうございます。本年もどうぞよろしくお願いいたします。

今年の年頭所感ですが、年明けに緊急事態宣言という話もあったので、その発令が出て、社会情勢を見てからにしようと考え、少々遅くなりました。

昨年12月には法人の全体会議を無事に開催することができ、準備含めまして皆様の協力に感謝しております。各施設報告もありがとうございました。感想も提出してもらいましたが、その文の量も数行の者から数枚に及ぶ者まで大きく違い、また内容も、私の話に関しての各個人の理解も大きく異なるなぁというのが印象です。

しかし、各個人が、自分としてしっかりと自分に向き合ってもらうのが、主な目的であったことを思えば、その人なりの真剣さで向き合ってくれた会議とレポートだと思いますので、その時間は大変忙しい中で作ってくださった貴重な時間であり、大きな価値があると思います。

社会人は、学生時代のように常に課題を与えられるわけではありません。これからも自分自身で、人生における学びを止めずに、自分の人生をより豊かにするために、自己研鑽に励んでいただきたいと思います。

会議前に皆様からいただいた質問に関しては、現在、業務の合間を縫って、簡単にはなりますが、返答を作成しております。もう少々時間をいただきますが、返答したいと思います。

年が明けて、あらためて思ったことは、社会が大きく変わった昨年、それでも私たちの法人というくくりにおいては、変わらなければならないこと、変えてはならないもの、その両方があるなと。

その中で、各個人としての考えや、各家庭や身内としての考え、さまざまな価値観がありますが、私の出すものは、この法人で働く者に関しての働く場としての行動指針になります。

ここで働く以上はというのがポイントで、他の企業のことはわかりませんが、ここで働く以上は、このようなことは求めますよと、そしてそれは働くということが、私たちが生きていくために必要なこととするのであれば、その働き方は当然、個人の生き方、各家庭での振る舞いにも影響することと思っています。

私が会議を通して話したことでもありますが、あらためて思った今年のキーワードは「喜び」と「誇り」になります。コロナ禍と言われる１年を過ごしてきた中で、だからこそ私は皆さんに真の喜びを持った人生を歩んでもらいたいと思っています。

そのために私にできることは、その人生の一部である仕事という場、働くという時間を、誇りに思える場にしたいということです。

我々の法人で働く者は、せっかくのその場所がどうでもいい場所ではなく、誰に対しても、堂々といい場所であると言える、誇りに思える場所であってほしいと思いますし、それを自ら創っていきたいという人、仲間が集まったのが我々の法人であってほしいと思っています。

そこであらためて本法人職員の行動指針、企業指針というものを掲げたいと思います。前から話していますし、法人会議でもしている話ですが、新たに入った職員の方や、しっかりと落とし込めていない職員の方もいると思いますので、別紙として書きますので、しっかりと把握し、自分に落とし込み、保存していただきたいと思います。

あらためまして、本年もどうぞよろしくお願いいたします。

医療法人社団昭和育英会　企業指針（2021年バージョン）

“「喜び」を持って生きるには
人生の一部である働く場所が
「誇り」の持てる場所であってほしい”
という思いを共有した仲間で創られる企業が昭和育英会である

「誇り」を持てる施設を創り続ける
働く人が誇りに思える場所であること

問い：自分の大事な人に来てもらうにふさわしい場所であるか

そのための行動指針

1）強くあること
知識と技術に基づき、規律ある行動をする
自立した社会人としての行動、そのための自律

2）あたたかくあること
優しい人であること
人は独りでは生きていけない、
自立した者同士がお互いを支え合えること

3）楽しくあること
仕事は真剣に、それでも最後に遊び心を決して忘れない
せっかくの働く場が楽しい場であること
人生は楽しむために、喜びのためにあるのだから

上のために大切なこと
挨拶、笑顔、真のコミュニケーション
いついかなる時でも「自分の機嫌は自分で取る」
面倒くさいことをより丁寧に

2021年元旦　理事長　山藤　賢

本書の対談終了後、山藤先生の学校の1年生を対象とした前期の授業「臨床哲学・人間学」が終わり、後日、その最後の課題のレポートを見せていただきました。その中には、本文で触れられていた、感じたことを書き残す大切さ、森のような人（=あるがままの人）と触れ合うことで変わった自分について、思い込みを外して気づいたことが書き綴られており、実際のレポートを読者の方々にもぜひ読んで感じていただきたく、ご本人の許可を得て、お名前を伏せて紹介させていただきます。

レポートのテーマは

1）この講義によって自分が変わったことや気づいたことを書きなさい。
2）10年後の自分が「イマ」の自分を見たとしたらなんと声をかけますか。
3）講義全般を通して感じたことや感想を書きなさい。

地方から東京に出てきたばかりの19歳が書いたありのままのレポートと、これからの若者がつくっていくであろう、素晴らしい未来と社会の可能性を感じてください。（編集部）

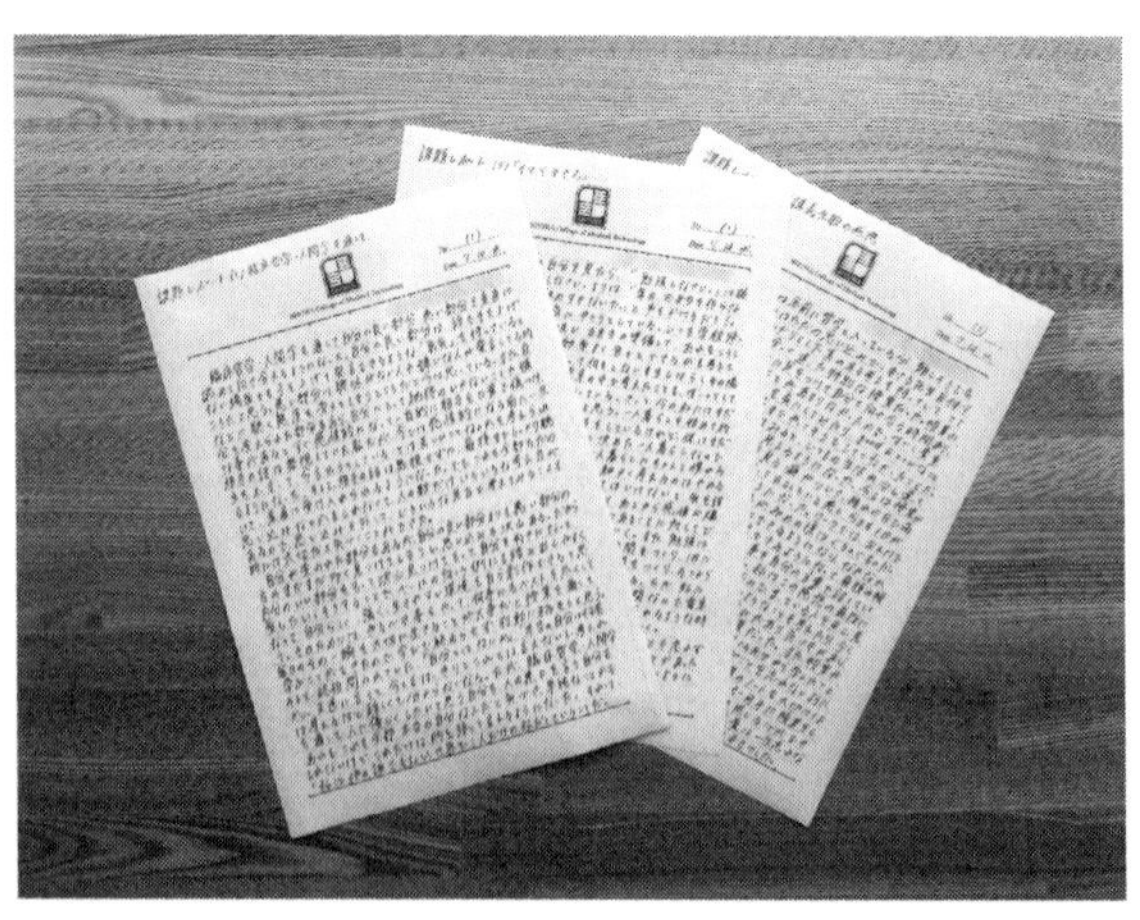

課題レポート（1）臨床哲学・人間学を通して　7.14.水

臨床哲学・人間学を通して自分の良い部分、悪い部分を素直に認めて向き合えるようになった。自分の良い部分は、誰も手を上げない場面でも手を上げて発言できるような「勇気」を持っているところだと思う。悪い部分は興味がない人や嫌いな人が発言している時などに聴く態度を変えてしまうところだと今は思っている。また、自分を変えられた部分もあり、自分にとって納得がいかないことや嫌なことがあるとすぐ感情的になって一方的に相手を言葉で傷つけ、相手の話は無視していた私だが、今では感情的になる前に一旦立ち止まって、今言おうとしていることは正しいことなのかを考えられるようになった。そして、相手の話は無視せずに、最後までしっかり聴いて、素直に受け入れられるようになった。でも、これも全部ただの思い込みなのかもしれなくて、人の数だけいろいろな考え方があるので、思い込みを外して、いろいろな見方で考えてみることも時には大切だと気づくことができた。

自分が変われた部分もあるが、自分の良い部分よりも悪い部分の方をまだまだ多く見つけてしまうし、思い込みも沢山ある。だから自分のいい部分をもっと沢山見つけてもっと自分を好きになって、愛したい。そうすることで、ベールの向こう側にも踏み出しやすくなって、自分らしく、強く、生きやすい環境を自ら創作できると思う。そのためには、やるべきことをやって、何事にもベストを尽くして毎日のその一瞬を大切に生きることが大事だと授業を通して学ぶことができたので、学びで終わらせず、行動に移そうと思う。そして、終始問われていた「自分とはなにか」、「本当の自分は何者か」。正直に言うと、今でもはっきりと「これ」とは言えないし、考えれば考えるほど難しくて分からなくなる。だが、臨床哲学・人間学を通して、人に優しくしたいと思う自分も、人の悪口を言う自分も、あれも、これも全部本当の自分なんだと気づき、単純なことかもしれないけれど、これだけは胸を張って言えるようになった。それは、「私は他の誰でもない、世界で一人だけの私だ」ということだ。

課題レポート（２）「イマを生きる」 7.14.水

10年後の自分が今の自分を見たら、「勉強しなさい」は確実に言うと思う。でも「〜しなさい」よりは「毎日お弁当を作らなくたっていい。あまり気を詰めすぎないで」と声をかけるだろう。

今の私は、全てのことを一気にやろうとしている。いつも学校から帰ったらご飯を食べて、食器を洗い、お弁当の準備して、あれをこうしてこうやって、常にどうしたら効率よく色々とできるかを考えているが、家に帰ると疲れが勝って何もしないまましばらくその場から動かなくなることが多く、電車の中で考えたことも、ぼーっとしている時間も全て無駄な時間になっている。きっと今の私にはまだうまく生活する余裕がないんだろうと思う。一人暮らしを始めて約３ヶ月、心では大丈夫だと思って生活をしているけれど、体はまだついていけてないようだ。でも、自分で決めた一人暮らしなので弱音は吐きたくない。だから、まず、一人暮らしにちゃんと慣れるまでは、家に帰ってからどうするか、深く細かく考えることはやめることにする。また、あれもこれもやらなくてはいけないと、気を詰めてしまい、もっと余裕がなくなってしまって、あとから感情が爆発してしまうので、今、その時、自分の目の前にあることに対してどう行動すべきかをしっかり考えて生活していく。また、勉強は毎日やるべきことなので、優先して勉強時間をつくり、１日に３時間以上は必ず勉強できるよう時間をつくり、そこから少しずつ勉強時間をのばしていけるようにする。だが、私にとって一人でなにも考えない時間も大切な時間なので、電車に乗っている時間などを有効に使って気を休められるような時間をつくり、自分をコントロールできるように工夫していく。

起こっている出来事は全部自分のせいだということを忘れずに、ひとつひとつの人生の選択肢に疲れてしまうことがあったとしても、その時は休んで、ただ諦めずに逃げないように人生と向き合っていく。

課題レポート（3）「講義全般の感想」 7.14.水

「臨床哲学・人間学」は名前に「哲学」と入っているぶん、難しそうで気が乗らなかったが、それはただの思い込みで、まさる先生自体すごく接しやすく、でもしっかりとした芯のある考え方を持っていて、とても楽しく、他の授業とは全く違った特別な授業だった。授業の始まりには目を閉じて地に足をつけて自分と向き合う時間があり、今までは自分と向き合ったことがあまりなかったので、すごく貴重な時間だった。また、空の色を気にしてみたり、good & new なことを見つけてみたりすることも今までやってそうでしてこなかったことだったので、少し意識して生活してみると、いつもの生活が少し違って見えて、毎日が少しでも楽しく思えるようになった。今では授業がなくても、休みの日でも毎日空を見る癖がついて、晴れの日も雨の日でも、いろいろな空の色があっておもしろいと感じ、今日も1日が始まったな、頑張ろうと思えるようになった。ワークでは、みんなで円になって意見や質問を出し合ったが、初めの頃はぐちゃぐちゃだった円も最後には早く綺麗な円にできるようになり、なかなか発言できなかった人もだんだん発言できるようになって、最後の授業の感想ではスラスラと自分の思ったことを自分の言葉で話していて、みんなすごい成長したなと驚いた。私はこの感想の最後にありがとうございましたと、とっさに言えなかったので、言っている人を見て、見習おうと思った。今まで深く考えたことがないようなことを考えたり、少し違う考え方をしてみたり、毎回とても深い学びがあり、気づきがあり、興味深く、いい意味でどっと疲れる授業だった。また、授業が終わり、今までのノートを見返してみると、今までまさる先生から学んだことが全て繋がっていることに気づいたので、学んだことを忘れないように、何かこの先行き詰まったら思い出せるように、授業のノートを大切にしようと思う。そして、何より印象に残っているのは、コーヒー片手に授業をしたことだ。「これが、山藤賢だ!!」とまさる先生らしさを感じることができたし、コーヒーを飲みながら授業をしていたあの光景は一生忘れないと思う。貴重な授業を受けることができて、私は幸せでした。

山藤 賢

（さんどう　まさる）

医療法人社団昭和育英会理事長。

昭和医療技術専門学校学校長。医学博士。

1972年東京都生まれ。昭和大学医学部、同大学院医学研究科外科系整形外科学修了。日本臨床検査学教育協議会副理事長、短期大学専門学校部会会長なども務める。Ｊリーグ、サッカー日本代表各世代のチームドクターを歴任。サッカー日本女子代表・なでしこジャパンではオリンピック、ワールドカップなどをともに戦い抜いた。現在は東京都サッカー協会医学委員会委員長、東京2020オリンピック・パラリンピックでは現場のメディカルアドバイザーを務めた。著書に『社会人になるということ』（幻冬舎）、関連書籍に『「氣」が人を育てる』（藤平信一著／ワニ・プラス）などがある。

山田 博

（やまだ　ひろし）

「株式会社森へ」創業者（前代表取締役）。

プロ・コーチ。山伏。

1964年東京都生まれ。東北大学教育学部卒業。(株) リクルートを経て、2004年プロ・コーチとして独立。(株) CTIジャパンにてコーチ、リーダー養成のトレーナー。2012年同社代表、2014年 (株) ウエイクアップの経営に参画。2006年、森の中で自分を見つめ、感じる力を解き放つ「森のワークショップ」をスタート。2011年、「株式会社森へ」を設立。自分、人、森との対話を通じて、自らの原点を思い出す「森のリトリート」を全国各地の森で開催中。著書に『森のように生きる』（ナチュラルスピリット）、関連書籍に『人生が変わる！　無意識の整え方』（前野隆司著／ワニ・プラス）などがある。

森のような経営

社員が驚くほど自由で生き生きする。
「心理的安全性」に溢れた組織づくり

2021年11月10日　初版発行
2024年 8 月10日　2刷発行

著　者　山藤 賢 × 山田 博

発行者　佐藤俊彦
発行所　株式会社ワニ・プラス
〒150-8482
東京都渋谷区恵比寿4-4-9　えびす大黒ビル7F
電話　03-5449-2171（編集）
発売元　株式会社ワニブックス
〒150-8482
東京都渋谷区恵比寿4-4-9　えびす大黒ビル
電話　03-5449-2711（代表）

ブックデザイン　吉田考宏
編集協力　古田 靖
撮影　門馬央典
DTP　小田光美

印刷・製本所　中央精版印刷株式会社

　ISBN 978-4-8470-7047-1
ワニブックスHP　https://www.wani.co.jp